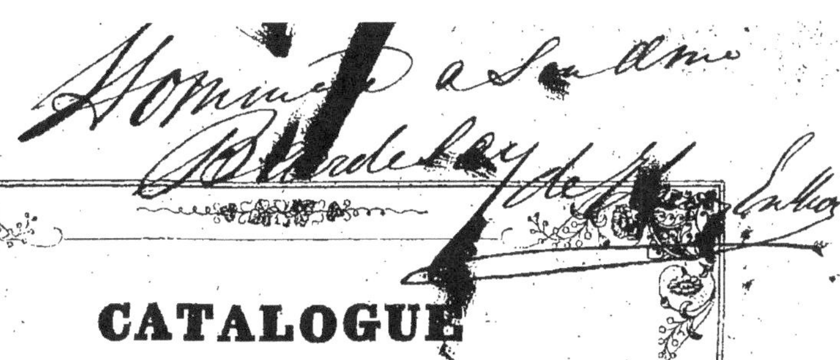

CATALOGUE

DES

TABLEAUX

ANCIENS ET MODERNES,

DE DIVERSES ÉCOLES,

DESSINS ET STATUES,

formant la Galerie de feu

SA MAJESTÉ GUILLAUME II,

ROI DES PAYS-BAS, PRINCE D'ORANGE-NASSAU, GRAND-DUC
DE LUXEMBOURG ETC. ETC. ETC.

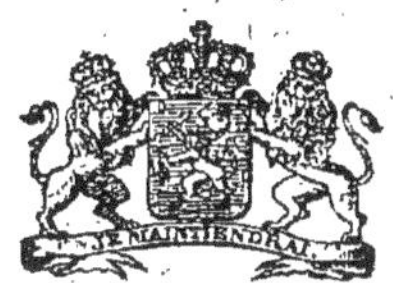

AMSTERDAM,
CHEZ W. WILLEMS, LIBRAIRE,
Vijzelstraat, 111.
1850.

CATALOGUE.

CATALOGUE

DES

TABLEAUX

ANCIENS ET MODERNES,

DE DIVERSES ÉCOLES,

DESSINS ET STATUES,

formant la Galerie de feu

SA MAJESTÉ GUILLAUME II,

ROI DES PAYS-BAS, PRINCE D'ORANGE-NASSAU, GRAND-DUC
DE LUXEMBOURG ETC. ETC. ETC.

DONT LA VENTE AURA LIEU LUNDI LE 12 AOÛT 1850 ET
JOURS SUIVANTS, à 10 HEURES DU MATIN, AU PALAIS
DE FEU SA MAJESTÉ, à LA HAYE.

PAR LE MINISTÈRE DE

JÉRÔME DE VRIES,

CORNEILLE FRANÇOIS ROOS

ET

JEAN ALBERT BRONDGEEST.

AMSTERDAM,

CHEZ W. WILLEMS, LIBRAIRE.

Vijzelstraat, 111.

1850.

CONDITIONS DE LA VENTE.

Art. 1.

Tout sera payé argent comptant.

Art. 2.

Pour couvrir les frais de la vente, les acheteurs paieront sept et demi pour cent en sus des enchères.

Art. 3.

Les paiements se feront en billets de banque ou en monnaie du Royaume des Pays-Bas.

Art. 4.

Les objets vendus devront être retirés dans l'espace de 4 jours. Pendant ce temps ils pourront être déposés dans la galerie.

Art. 5.

On aura le plus grand soin des objets vendus, sans qu'on soit toutefois responsable d'aucun dommage, dégât ou perte.

TABLEAUX ANCIENS.

TABLEAUX ANCIENS.

ÉCOLE FLAMANDE.

VAN EYCK. (Jean)

H. 89. L. 33. — Bois.

L'ANNONCIATION DE LA VIERGE.

La Vierge, à genoux devant un prie-Dieu, est richement vêtue d'une robe bleu celeste et son manteau est brodé d'un filet d'or. Elle a une longue chevelure surmontée d'un bandeau de perles, sa physionomie pleine de candeur indique la plus profonde dévotion. Le St. Esprit descend vers elle, et à gauche l'ange Gabriel est à genoux, la tête ceinte d'une couronne royale garnie de pierres précieuses; il tient de la main gauche le sceptre et désigne de la main droite le St. Esprit, en prononçant les mots AVE GRĀ PLENA. Le groupe est placé dans l'intérieur d'un temple, orné de colonnes dont les chapiteaux sont sculptés avec élégance; le parquet est d'un travail admirable. Cette belle pièce est d'un fini précieux, et peut être considérée comme un des chefs-d'oeuvre de ce maître, dont les productions sont très rares, voir Cate. Nieuwenhuys, No. 1.

1

VAN EYCK. (Jean)

H. 64. L. 47. — Toile.

LA VIERGE DE LUCQUES.

Assise sur un trône orné de quatre lions en bronze
doré, elle est vêtue d'un manteau de couleur pourpre largement drapé autour de ses genoux, et la tête
est ornée d'un bandeau de perles. La Vierge présente
le sein à l'enfant Jésus et sa physionomie exprime au
plus haut degré le sentiment d'amour maternel. Ce
beau tableau provient de la galerie du Duc de Luc-
ques et est, comme le précédent, d'une exécution admirable.

LE MEME.

H, 56. L. 29. — Bois.

LA VIERGE ET L'ENFANT JÉSUS.

Dans une chapelle gothique richement ornée de diverses sculptures, la Vierge, vêtue d'un manteau de
couleur écarlate, est debout sur un trône et penche
la tête vers l'enfant Jésus, qui semble vouloir em-
brasser sa mère. Au haut de ce tableau, qui est d'un
faire précieux et, comme les précédents, de la plus
belle conservation, se trouve l'inscription:

Domus Dei est et porta coeli,

et au bas : Ipsa est quam preparavit

Domus filio dni mei.

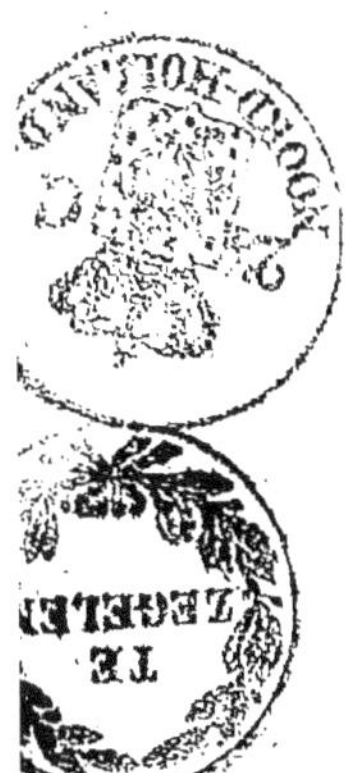

HAARLEM. (DIRK DE) surnommé STEURHOUT.

4.   II. 325. L. 182. — Bois.

L'EMPEREUR OTHON ET L'IMPÉRATRICE MARIE.

Ce tableau et le suivant représentent, le premier
la vengeance et le second, l'acte de justice de l'Empereur Othon III, lors de son passage à Modène en
985, ville que le peintre a voulu indiquer dans le
lointain. Devant une muraille l'Impératrice insinue
à l'Empereur, qu'un jeune Comte italien aurait voulu
attenter à son honneur; au bas du rempart le Comte,
condamné à mort par Othon, est conduit au supplice,
précédé d'un religieux et suivi de la Comtesse sa femme, accompagnée d'autres personne; sur le premier
plan, le Comte vient d'être décapité et le bourreau
remet la tête à sa malheureuse épouse.

LE MÊME.

5.   B. 325. — L. 182. — Bois.

Dans un salon gothique, l'Empereur Othon, richement vêtu et portant le sceptre et la couronne, est
assis sur son trône à droite. La veuve du Comte italien, indignement calomniée, demande à genoux justice contre l'Impératrice; de la main droite elle tient
la tête de son époux et de la gauche un fer ardent
tiré d'un brasier. L'Impératrice est condamnée à être
brulée vive, et à travers une porte on voit un poteau

1*

auquel la Princesse est attachée. Des religieux et
d'autres personnes sont près du bûcher.

Ces deux tableaux, brillants de couleur et d'un
beau fini, sont très remarquables et des plus impor-
tants qu'on connaisse du Moyen-âge. Ils sont précieux
et rares sous tous les rapports et furent peints pour
la salle du tribunal de Justice, à l'Hôtel de ville de
Louvain.

HEMLING. (Jean)

6.   H. 56. L. 155. — Bois.

LA VIE DE SAINT-BERTIN.

Cinq sujets, sous autant d'arcades d'un édifice gothique, sont réunis dans un seul tableau. Dans la première partie on voit un évêque richement vêtu, agenouillé devant un prie-Dieu ; il est accompagné d'un
autre ecclésiastique également en prière. Au dessus
d'eux est un ange portant des armoiries; apparemment celles de l'évêque qui paraît être le donataire
du tableau. La seconde partie représente la naissance
de St. Bertin. La troisième, son entrée, à l'âge d'environ quatorze ans, au monastère de Luxeuil. Sous la
quatrième arcade, St. Bertin est en pélérinage avec St.
Momelin et St. Ebertran : ils demandent l'hospitalité
au diocèse de Thérouane ; la cinquième partie représente un paysage montagneux, entrecoupé d'une rivière ; St. Bertin est à genoux avec ses deux compagnons et semble recevoir des marques de faveur du

seigneur Aldroald; il s'agit probablement de la dona-
tion, vers l'an 645, de la terre de Sithieu, où St. Bertin
fit bâtir, à l'honneur de St. Pierre, le monastère qui
porte depuis son nom.

HEMLING. (Jean)

7. Même dimension.

SUITE DE LA VIE DE SAINT-BERTIN.

Dans la première partie, huit cavaliers s'avancent
sur une route; l'un d'eux est renversé avec son cheval. Sous un hangar dans une cour, St. Bertin devant un tonneau, change l'eau qui s'y trouve en vin.
Un cavalier et un moine sont étonnés de cette mer-
veille, qui détermine le premier à entrer dans l'état
ecclésiastique. Il reçoit l'habit religieux de St. Bertin,
en présence de trois moines et de trois autres individus. Autour d'une galerie est peinte la danse des
morts. L'arcade suivante est la continuation de cette
galerie; deux individus sont plongés dans la méditation
et d'autres écoutent le sermon que prêche St. Bertin.
Plus loin, St. Bertin est en conversation avec un évêque;
le génie du mal, sous la forme d'une dame élégamment vêtue, semble vouloir détourner le Saint du sentier de la vertu. La quatrième arcade, qui forme le
cinquième sujet du tableau, représente la mort de St.
Bertin en 709, à l'âge de 112 ans. — Il reçoit les secours de la religion; cinq religieux avec deux cavaliers
entourent le mourant. Ces deux tableaux, qui provien

nent de l'abbaye de St. Bertin à St. Omer, sont de la plus grande beauté et des meilleurs du grand maître ; l'expression des figures est admirable et l'exécution des plus soignées.

HEMLING. (Jean)

H. 37. L. 15. — Bois.

8.

SAINT-JEAN BAPTISTE.

St. Jean est vêtu d'un cilice brun, serré autour des reins. Dans le lointain, le peintre a représenté quelques sujets tirés de la vie de St. Jean: ici on le voit haranguant le peuple, plus loin administrant le baptême à Jésus-Christ; au fond sa décollation et ensuite, sa tête sanglante portée par Salome à Hérode. Ce tableau est de toute beauté, et les petites figures qu'on distingue dans le lointain du paysage, sont également exécutées avec la touche fine qui caractérise le pinceau d'Hemling.

LE MÊME.

9.

Même dimension.

MARIE MADELEINE.

Pendant du précédent. La Sainte Madeleine est représentée debout et vêtue d'une robe en velours écarlate brodée d'or; d'une main elle porte un vase et de l'autre, elle tient la draperie de son manteau. Sur l'horizon montagneux, on voit encore quelques sujets tirés de la vie de cette Sainte ; la pureté de pinceau et le fini des détails sont admirables.

HEMLING. (Jean)

10. Même dimension.

SAINT-ÉTIENNE.

Dans un paysage ondulé, couvert de gazon et d'herbages d'un fini précieux, Saint-Étienne est debout, vêtu d'une chape noire, garnie de deux galons dorés et brodés avec ornements. Il porte des pierres dans un pan de sa robe et tient de la main gauche un caillou pour désigner sans doute, le genre de martyre qu'il eut à subir. Dans le lointain, St. Étienne est lapidé hors de la porte d'une ville. Au ciel, l'apparition de Jésus-Christ. La qualité de ce tableau est des plus belles.

LE MÊME.

11. Même dimension.

SAINT-CHRISTOPHE.

Ce tableau qui fait le pendant du précédent et qui est de la même qualité, représente St. Christophe dans un paysage rocailleux et enveloppé d'un manteau. Il s'appuie des deux mains sur un long bâton et porte l'enfant Jésus sur ses épaules ; il traverse une rivière qui coule entre deux collines. A droite, un pèlerin avec une lanterne, et plus loin on voit, près de l'entrée d'une ville, Saint-Christophe souffrant avec résignation.

HEMLING. (Jean)

H. 47. L. 26. — Bois.

REPOS EN ÉGYPTE.

Dans un paysage montagneux la Sainte-Vierge se
rend avec l'enfant Jésus en Égypte, pour fuir les
poursuites d'Hérode; de loin on voit St. Joseph
cueillant des fruits; près de lui son âne et une vache;
sur un rocher élevé se trouvent plusieurs animaux
exotiques. Ce tableau est du meilleur temps du maître
et d'un faire inimitable. Il provient du Cabinet de
M. C. Aders à Londres.

LE MÊME.

H. 51. L. 39. — Bois.

PORTRAIT D'UNE JEUNE DAME.

Elle est vêtue d'un habit noir entouré d'une ceinture
de soie jaune, et coiffée d'un bonnet de toile qui retombe en arrière sur les épaules. Elle porte une chaîne
d'or autour de la poitrine et tient un rosaire dans les
mains. D'un fini extraordinaire. Ce portrait grâcieux
provient de l'église de Saint-Donat à Bruges et sur le
fond du tableau se trouve écrit:

OBYT A N°. DNI 1479.

LE MÊME.

H. 97. L. 51. — Bois.

SAINT-LUC.

L'Apôtre est représenté dessinant le portrait de la

St^e. Vierge. Dans le fond une rivière, et sur le rivage une maison en briques; l'horizon est montagneux.

Ce tableau, apparemment un volet d'autel, joint à beaucoup de talent, un dessin parfait.

HEMLING. (Jean)

6,450. 15.   H. 68. L. 43. — Bois. — Volets; même dimension.

AUTEL PORTATIF.

Le panneau du milieu représente l'adoration des Mages. La Vierge tient l'enfant Jésus, devant lequel un des rois se prosterne et lui baise les mains; le second Mage offre des cadeaux superbes à l'enfant divin, tandis que le troisième, un nègre, tient un bocal de verre à la main. Ces figures forment le groupe principal du tableau. Le volet de droite représente plusieurs saintes femmes en adoration et celui de gauche quelques religieux en prière. Au moyen d'un ressort pratiqué sur les volets, ils s'ouvrent et font voir, au revers, deux peintures en grisaille, dont l'une représente St. Antoine et l'autre St. Christophe. Cette pièce précieuse peut être regardée, à juste titre, comme une de ces productions merveilleuses du Moyen-âge, qui font encore à présent, malgré les progrès de l'art depuis lors, l'admiration de tous les connaisseurs.

LE MÊME.

550. 16.   H. 49. L. 35. — Bois.

SAINT-LUC.

Vêtu d'une draperie rouge en forme de manteau,

l'Évangéliste est occupé à écrire sur un carnet qu'il tient à la main. Ce tableau a beaucoup de mérite.

HEMLING. (Attribué à)

17. Volets H. 70. L. 42.

L'AUTEL PORTATIF DE CHARLES-QUINT.

Cette pièce, d'une haute importance et de la plus grande rareté, est divisée en trois parties ou panneaux de même grandeur. Le tableau du centre représente la descente de croix, belle et riche composition de plusieurs figures. Sur le volet à gauche, la Vierge assise devant une chapelle et richement décorée, tient l'enfant Jésus sur les genoux et St. Joseph est endormi près d'elle. Sur le volet à droite, une arcade forme l'entrée d'un temple; par une porte ouverte on voit dans un paysage la résurrection du Christ. Sur l'avant-plan, le Christ ressuscité apparaît à Marie et lui montre ses plaies ouvertes. Le peintre a entouré les trois pièces de portiques d'architecture gothique et y a représenté des sujets sculptés, indiquant différents épisodes de l'histoire du Seigneur. Ces trois tableaux réunis, d'une conservation parfaite, sont uniques dans leur genre et intéressants au plus haut degré, à cause de leur exécution sublime.

HEMLING. (Attribué à)

18. Volets H. 77. L. 47. — Bois.

LA NAISSANCE DE ST. JEAN.

Sous une arcade, au travers de laquelle on voit
un appartement, une femme élégamment vêtue présente le nouveau-né à Zacharie. Il est assis sur un
tabouret et tient sur ses genoux un parchemin, sur
lequel il semble écrire que JEAN est le nom de l'enfant.
Le second plan forme l'intérieur du dit appartement;
Élisabeth est couchée dans un lit orné de rideaux couleur de pourpre; une garde-malade arrange la couver-
ture; plus loin, deux femmes entrent pour être temoins
de l'heureux événement. Ce beau tableau simplement
composé, est d'un faire admirable et d'un beau clair-
obscur et peut, à juste titre, être considéré comme
une des œuvres très méritoires du maître.

ATTRIBUÉ AU MÊME.

19. H. 77. L. 47. — Bois.

LE BAPTÊME DE JÉSUS-CHRIST.

Jésus-Christ est entré jusqu'aux genoux dans le
Jourdain qui coule sous une arcade; pendant qu'il
adresse sa prière à Dieu, St. Jean le baptise. Au bord
du rivage, un ange agenouillé tient le manteau du
Seigneur; au ciel est représenté Dieu le Père, et le
St. Esprit descend sous la forme d'une colombe. L'arcade est richement entourée de bas-reliefs, représentant
des sujets tirés du nouveau Testament. Le tout, ainsi

que quatre statues des Apôtres, au dessous de ces bas-
reliefs, est d'un très beau fini; l'expression des figures
est remarquable.

HEMLING. (Attribué à)

20.

H. 39. L. 30. — Bois.

PORTRAIT D'HOMME.

Ce beau tableau est censé être le portrait du peintre devant une fenêtre ouverte. Il est vu de trois
quarts, coiffé d'un bonnet de velours pourpre et vêtu
d'un habit noir orné d'une légère bande de fourrure
autour du cou. Les deux mains sont posées vers le
bas du tableau, dont le fond représente un paysage;
dans le lointain se trouve un monastère. D'un ton
frais et la qualité égale aux précédents.

ÉCOLE DE HEMLING.

21.

H. 42. L. 22. — Bois.

SAINT-CHRISTOPHE.

Le Saint, revêtu d'un manteau couleur écarlate et
portant l'enfant Jésus sur ses épaules, passe à gué une
rivière, sur les bords de laquelle on voit un rocher
surmonté d'un couvent. Un religieux, tenant une lanterne à la main, dirige ses pas vers l'avant-plan. Dans
le lointain, on découvre des habitations, un moulin à
eau, et des figures. D'une exécution soignée au plus
haut degré.

QUINTÉ METZYS.

22.   H. 202. L. 146. — Bois.

LE COURRONNEMENT DE LA VIERGE.

On voit au centre de ce tableau précieux une gloire, dans laquelle apparaît la Vierge tenant l'enfant
Jésus, entouré de quatre anges ; au dessus d'elle l'Éternel et le St. Esprit qui la courronnent; au bas du tableau se trouvent les rois David , Salomon et autres
personnes qui contemplent cette glorification. Ce tableau superbe témoigne du haut talent de ce grand
artiste.

LE MÊME.

23.   H. 61. L. 34. — Bois.

LE BUSTE DU CHRIST.

Le Christ est vu de face. De la main gauche, il tient
un globe de cristal surmonté d'une croix en or élégamment travaillée , tandis qu'il lève la main droite
en faisant le signe de la bénédiction. Plein de caractère et d'expression.

LE MÊME.

24.   H. 61. L. 34. — Bois.

LE BUSTE DE LA VIERGE.

Vêtue d'un manteau bleu céleste , elle semble s'in-
cliner avec émotion et faire une prière. Un voile
de gaze couvre sa chevelure et fait ressortir les grâ-

ces de sa figure pleine de religion et de candeur. Ce tableau est, comme le précédent, peint sur un fond doré et peut, à juste titre, être considéré comme un vrai chef-d'oeuvre.

ORLEIJ. (Bernard van)

25. H. 173. L. 78.

SUITE DE CINQ SUJETS TIRÉS DE L'HISTOIRE DE JOB.

L'ENLÈVEMENT DES TROUPEAUX DE JOB.

Dans ce tableau, comme dans les quatre suivants, l'artiste a su déployer la fécondité de son imagination. L'Eternel est entouré d'une gloire; Satan monte vers lui dans des nuages et semble vouloir lui rendre compte des épreuves qu'il a fait subir à la patience du malheureux Job. On voit arriver de toutes parts, dans un paysage montagneux, des troupeaux considérables de brebis, de boeufs et de chameaux enlevés par les Chaldéens; sur le devant du tableau on remarque deux soldats qui se disputent le butin.

LE MÊME.

26. H. 172. L. 175. — Bois.

LE FESTIN DES ENFANTS DE JOB.

C'est le festin auquel les enfants de Job se livraient, lorsque des émissaires annoncèrent leur mort à leur père, que l'artiste a représenté dans ce tableau. Une nuée d'anges de mal environnent la partie supérieure du bâtiment dans lequel cette scène se passe et font écrouler les fondements de l'édifice. De là, grande consternation et tumulte parmi les convives, qui sont presque tous écrasés sous les débris. Dans un paysage, au fond du tableau, on voit Job, des paroles de foi et de résignation sur les lèvres. Du côté opposé, le saint homme est représenté, assis sur le fumier et livré aux insultes de sa femme et de ses amis. La verve qui caractérise toutes les œuvres de B. van Orleij se montre avec éclat dans cette pièce sublime.

ORLEIJ. (Bernard van)

27. H. 173. L. 78. — Bois.

JOB SUR LE FUMIER.

Au dessus de Job, représenté couché sur un fumier, on voit un édifice, dans lequel ses faux amis assistent à un repas splendide. Van Orleij s'est représenté lui-même parmi les convives. Ce tableau, comme antique, et à cause de sa conservation, d'un mérite incalculable, est dans les mêmes conditions que le précédent.

ORLEIJ. (Bernard van)

28. H. 23. L. 27. — Bois

GUÉRISON ET GLORIFICATION DE JOB.

Cette pièce termine l'histoire de Job. Dieu lui ayant enfin rendu toutes ses richesses et ses biens, il est représenté dans sa nouvelle splendeur. Cette oeuvre remarquablement belle ne le cède en rien aux précédentes.

LE MÊME.

29. H. 173. L. 78. — Bois.

LA MORT DU JUSTE.

Ce tableau est divisé en deux parties. La partie supérieure représente la mort du juste, où l'on voit Job étendu sur son lit de mort, et au ciel l'image de Dieu prêt à recevoir son âme. La partie inférieure représente le méchant, subissant aux enfers le châtiment de ses crimes. Cette pièce n'est pas moins belle que la précédente.

NB. Les n°. 25—29 seront vendus séparément sans adjudication définitive et après, réunis et adjugés au plus offrant au dessus du prix des cinq n°ˢ. ensemble.

LE MÊME.

30. H. 24. L. 18. — Bois.

LA VIERGE ET L'ENFANT JÉSUS.

Ce chef d'œuvre de l'art, quoique peint dans un

temps reculé, possède, quant au fini, qui en est précieux, les belles qualités que nous admirons dans les
oeuvres de G. Dou. Elle représente la Madonne
assise, tenant l'enfant Jésus par les bras. Comme nous,
l'avons dit, cette pièce est une des plus précieuses
exécutées par l'artiste.

ORLEIJ. (BERNARD VAN)

300 — 31.

H. 53. L. 38. — Bois.

PORTRAIT DE FEMME.

Elle est assise devant une table, un manuscrit qu'elle
semble lire avec attention, à la main. D'une belle conservation.

LE MÊME.

500 = 32.   LA SAINTE TRINITÉ.

Plusieurs peintres ont traité ce sujet allégoriquement.
Dans ce tableau, van Orleij l'a représenté de la manière suivante: le Christ suspendu à la croix, est
entouré de Dieu, du Saint-Esprit, sous la forme tra-
ditionnelle d'une colombe, et de plusieurs autres figures allégoriques. Au pied de la croix, la Vierge et St.
Jean. Cette page possède tous les mérites qui caractérisent les oeuvres de l'artiste.

ATTRIBUÉ AU MÊME.

100 — 33.   SUJET ALLÉGORIQUE.

Le Christ assis sur un arc-en-ciel est entouré de sept
candelabres. Le Tout-Puissant est représenté dans les

nuages, une épée horizontalement suspendue devant
la tête.

ORLÉIJ. (Attribué à Bernard van)

34.   CONSTANTIN

Dans ce tableau, Constantin est en extase devant
une apparition céleste. Dans le lointain est représentée la cérémonie de son baptême.

MABUSE. (Jean de)

35.

H. 144. L. 112. — Bois.

LA DESCENTE DE CROIX.

Ce sujet représenté par tant d'artistes et notamment
par ceux de l'école flamande, est dans cette pièce
d'une composition admirable. Plusieurs figures forment un beau groupe, dans lequel on remarque
entr'autres la Vierge qui, à demi évanouie, tient le
cadavre de son fils dans les bras. Par cette pièce
superbe on peut juger de la hauteur, à laquelle était
déjà parvenu l'art à cette époque.

LE MÊME.

36.

H. 120. L. 47. — Bois.

SAINT-JEAN BAPTISTE.

Le Saint est représenté debout, couvert d'un cilice;
un agneau est couché à ses pieds. C'est cet agneau
qu'il semble montrer au spectateur. Le dessin est
correct dans ce tableau, qui possède tous les mérites
du maître.

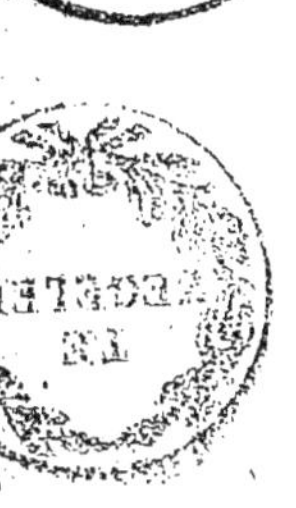

MABUSE. (Jean de)

37. Même dimension.

SAINT-PIERRE.

Ce tableau fait pendant au précédent et est orné comme lui, d'une architecture byzantine. Les chapiteaux des colonnes et autres ornements sont peints avec beaucoup de talent: St. Pierre y est représenté lisant dans une bible qu'il tient à la main.

ATTRIBUÉ AU MÊME.

38. H. 39. L. 36. — Bois.

LE CHRIST AVANT LA FLAGELLATION.

Cette belle peinture du Moyen-âge représente le Sauveur, assis sur un bloc de pierre contre une des colonnes, qui ornent le palais du souverain Pontife; quelques gens de hideuse apparence l'insultent, comme l'expriment les traits menaçants dont leurs figures sont empreintes.

ÉCOLE DU MÊME.

39. H. 186. L. 150. — Bois.

LA VIE DE ST. AUGUSTIN.

Ce panneau est divisé en treize compartiments, représentant tous des actions de la vie du Saint: dans le premier compartiment St. Augustin est à l'école, — dans le second, il enseigne des enfants, — le troisième le représente écoutant un sermon avec attention, — le quatrième représente son bap-

2°

tême, — dans le cinquième il est reçu ecclésiastique. Dans le sixième il exerce les fonctions de moine et le septième fait voir sa nomination comme Évêque. Le huitième représente sa vision, et dans le neuvième il distribue des livres pieux à ses élèves. Dans le dixième, une femme, se promenant sur les bords de la mer; elle s'agenouille devant St. Augustin, dans la onzième composition. — La douzième composition représente un ange qui donne sa bénédiction, et la treizième la mort et les funérailles du saint homme. Ces treize compartiments se trouvent dans un seul cadre et sont séparés par des arabesques.

⸺⸺ ◦◦ ⸺⸺

METZYS. (Jean)

40.

H. 40. L. 24 — Bois.

LE FAUCONNIER.

Ce portrait, celui d'un personnage inconnu, représente une belle tête d'homme, un faucon sur la main; au fond un paysage.

LE MEME.

41.

H. 105. L. 81. — Bois.

PORTEMENT DE LA CROIX.

Cette scène de l'histoire sacrée, reproduite par tant de peintres, est représentée ici avec beaucoup de succès. Jean Metzys, élève de son père Quinte Metzys y a déployé tout son talent. C'est une belle composition de six figures, d'un grand fini d'exécution.

POURBUS. (Pierre)

42. SUJET ALLÉGORIQUE.

Ce beau tableau représente très ingénieusement les diverses phases de l'amour.

Un banquet, auquel assistent comme convives plusieurs personnages symboliques est dressé dans un jardin : chacun des jeunes héros de cette scène est placé entre deux femmes, à l'exception d'un seul personnage, représentant la sagesse, qui n'a qu'une seule femme près de lui pour démontrer, comme le dit très bien Nieuwenhuys dans son catalogue, que le seul amour raisonnable et durable est celui qui nous attache, dans l'âge mûr, à la femme légitime, dont la fidélité éprouvée a déterminé notre confiance.

LE MÊME.

43. H. 86. L. 29. — Bois.

Ce tableau, en forme de volet, représente six portraits de seigneurs ou personnes de distinction. La correction du dessin et le grand fini, qu'on aime tant à voir dans les peintures du Moyen-âge, en font une pièce fort précieuse.

LE MÊME.

44. H. 88. L. 71. — Bois.

PORTRAIT D'UN MAGISTRAT.

Ce portrait est encore une des belles compositions

du maître ; il représente un magistrat revêtu de ses insignes, la tête couverte d'un petit bonnet de feutre.

※

LEYDEN. (Lucas de)

45.

H. 110. L. 73. — Bois.

L'ADORATION DES MAGES.

La Vierge tenant l'enfant Jésus, est assise auprès d'un édifice bâti dans le style du Moyen-âge. Les trois rois se trouvent près d'elle. L'un d'eux se prosterne devant l'enfant, sa figure est empreinte de religion et de foi. Le savoir-faire de ce précieux tableau démontre à quelle hauteur Lucas de Leyden a porté la peinture. Le brillant de la couleur, la correction du dessin et le fini précieux font de ce tableau une pièce unique.

LE MÊME.

46.

H. 142. L. 106. — Bois.

LA DESCENTE DE CROIX.

Le cadavre du Christ déjà détaché de la croix, est soutenu par deux disciples, qui semblent prendre le plus grand soin de ce précieux fardeau. Sur l'avant-plan, la Vierge est représentée évanouie entre les bras de quelques saintes femmes ; du côté opposé, un soldat rassemble les objets qui ont servi au supplice du Seigneur, tels que la couronne d'épines, les clous, les tenailles etc. Ce chef-d'oeuvre peut rivaliser, par ses hautes qualités, avec tout ce que le peintre ait jamais produit.

HOLBEIN.

47.

H. 78. L. 64. — Bois.

PORTRAIT D'UNE DAME DE QUALITÉ.

Ce beau portrait est exécuté admirablement et démontre la hauteur à laquelle l'art était déjà arrivé dans ces temps reculés. La dame est vêtue du costume de l'époque et tient un chat à la main.

LE MÊME.

48.

H. 74. L. 57. — Bois.

PORTRAIT DE SIR TH. MORE.

Vu de trois quarts, en costume de cérémonie de l'époque. Ce portrait est d'une belle couleur et sous ce rapport, ainsi que sous celui de la conservation, une pièce fort intéressante.

LOMBARD. (LAMBERT)

49.

H. 143. L. 58. — Bois.

UNE VISION. SUJET ALLEGORIQUE.

Sur une plate forme, un saint personnage est représenté profondément endormi. La vision suivante lui apparaît. L'archange Michel, revêtu d'un riche costume de guerrier, est entouré de trois autres angès armés, dont l'un porte l'épée de la justice divine. De la plate forme, la vue se porte vers un jardin ; au loin on aperçoit une rivière avec un pont. Ce paysage offre un ensemble agréable et pittoresque.

LOMBARD. (Lambert)

H. 145. L. 58. — Bois.

PASSAGE DE LA MER ROUGE.

50.

Ce tableau, pendant du précédent, réunit comme lui, tous les mérites qu'on aime à voir dans les œuvres du Moyen-âge. Fraîcheur de coloris, belle composition, le dessin fort correct en font deux pièces précieuses. Celui-ci représente Moïse, entouré des Israélites après le passage de la mer rouge, et Pharaon et ses troupes, sur le point d'être engloutis par les eaux.

LE MÊME.

LES FLÉAUX DE DIEU.

51.

Ce tableau, divisé en deux parties, réunit beaucoup de qualités supérieures. La partie de gauche représente un naufrage avec divers accessoires. La partie droite offre l'aspect d'une ville tourmentée de la peste ; partout des cadavres, des bières et autres attributs funèbres. Deux anges, dont l'un plane au dessus d'une procession et dont l'autre se trouve sur une tour dans le lointain, semblent indiquer, par leur présence, que la colère céleste est appaisée. Cette pièce est d'une belle conservation.

SCHOON. (Martin)

52.

H. 39. L. 34.

LA MORT DE LA VIERGE.

La Vierge étendue sur son lit de mort, semble près
d'expirer. Les douze apôtres éplorés sont autour de sa
couche mortuaire et s'empressent de lui administer les
derniers secours de la religion. Cette pièce précieuse
mérite particulièrement l'attention, par le brillant de
son coloris et par sa bonne conservation.

LUCAS CRANACH. (le vieux)

53.

H. 70. L. 51. — Bois.

PORTRAIT DE L'EMPEREUR MAXIMILIEN 1er.

L'illustre monarque est représenté à peu près de profil, coiffé d'un chapeau à larges bords et vêtu d'un
costume très simple. Sur le fond du tableau, ses armes
impériales et une inscription en latin. Voir la tra-
duction de cette inscription dans le catalogue de
Nieuwenhuys.

VAN DER MEIRE. (École de)

54.

SAINT-FRANÇOIS D'ASSISE.

Le tableau du milieu représente St. François revêtu d'un froc blanc, prosterné devant le Christ crucifié. L'ange du bien qui se tient à côté du Christ,
semble triompher du démon, qui cherche en vain à
attirer St. François à lui.

Sur les volets sont représentés les portraits des donateurs du tableau.

ÉCOLE DE BRUGES.

55. SAINTE FAMILLE.

Cette belle pièce représente St^e. Anne assise sur un trône et posant la main droite sur l'épaule de la Vierge qui, également assise à ses pieds, tient l'enfant Jésus sur ses genoux. Différents saints et saintes environnent ce groupe, rangé dans une salle à colonnes, à travers lesquelles on distingue au loin un paysage.

INCONNU.

56. H. 123. L. 100. — Bois.

Jésus-Christ insulté par les gardes du souverain Pontife.

D'APRÈS **VAN EYCK**, PAR **MICHEL COXCIE.**

H. 128. L. 76. — Bois.

SIX COPIES.

Ces tableaux sont tous peints d'une bonne manière et l'artiste y a très bien su saisir la touche de van Eyck; ce fut Philippe II d'Espagne qui, ravi des originaux, les a fait copier par Coxcie. Elles représentent:

57. Sainte Cécile.
58. Un chœur d'anges.

59. Les ermites en pélérinage.
60. Même sujet.
61. Les milices du Christ.
62. Même sujet.

RUBBENS. (Pierre Paul)

63. H. 136. L. 117. — Bois.

LE CHRIST DONNANT LES CLEFS A ST.-PIERRE.

Ce superbe tableau représente le Christ qui repa-
raît parmi ses disciples; il est vêtu d'une draperie
blanche, dont une partie tombe de l'épaule et laisse à
découvert la poitrine jusqu'à la plaie. Il semble
adresser la parole à St. Pierre qui baise la main de
son maître. Celui-ci lui remet les clefs du ciel et
de l'enfer, tandis que St. Paul, St. Jean et St. Jacques qui sont présents, semblent l'écouter avec surprise et attention.

La noblesse de la pensée, la correction du dessin,
l'harmonie des couleurs, tout s'élève ici au plus haut
point de perfection et c'est à juste titre, qu'on doit
avouer, que ce chef-d'œuvre peut être considéré comme une des perles de la galerie.

LE MÊME.

64. H. 220. L. 143. — Bois.

LA SAINTE TRINITÉ.

Des chérubins et des anges sont groupés au milieu
de la gloire céleste, où sont représentés l'Éternel sous

la forme d'un vieillard vénérable et le Seigneur Jésus-Christ placé à sa droite: leurs pieds sont posés sur le globe du monde, soutenu par trois anges qui volent avec leur fardeau à travers les nuages. Au bas du tableau, à droite, est St. Jean, qui tient le livre de l'Évangile et un calice d'où sort un serpent; à gauche St.-Paul s'appuyant sur l'épaule d'un jeune garçon. Tous deux portent leur regard vers le ciel et semblent saisis de vénération, à la vue de la gloire où est assis le Rédempteur du monde. Ce tableau a servi apparemment de pièce d'autel et, tant sous le rapport de la composition que sous celui de la peinture magnifique, on peut le placer à côté des meilleurs tableaux de Rubbens de ce genre.

RUBBENS. (Pierre Paul)

65.   H. 140. L. 184. — Bois.

LE DENIER DE CÉSAR.

Dans ce tableau capital, le Seigneur Jésus-Christ est représenté debout au milieu des Pharisiens; c'est le moment où l'un d'entre eux, ayant adressé au Christ la question insidieuse: »Sommes-nous libres de payer le tri-»but à César, ou de ne pas le payer?'' le Seigneur répond, en tenant de la main droite la pièce de monnaie qu'on lui présente et en levant la main gauche vers le Ciel: »Rendez donc à César ce qui est à César et à Dieu ce »qui est à Dieu.'' Cette belle composition, généralement connue par les diverses gravures, est d'une qualité superbe et semble être exécutée à la meilleure époque de la carrière du peintre.

RUBBENS. (Pierre Paul)

66. H. 123. L. 165. — Bois.

LA CHASSE AUX SANGLIERS.

Ce superbe tableau représente une forêt vue à l'aube du jour; le soleil levant fait ressortir avec éclat les formes des arbres séculaires et des arbrisseaux. Un sanglier, poursuivi par deux cavaliers, s'avance avec fureur; une multitude de paysans armés, placés près d'un arbre déraciné, s'apprêtent à le percer de leurs lances; déjà on voit un d'eux jeté par terre par l'animal en fureur; d'autres cavaliers, des paysans et une grande quantité de chiens forment différents groupes sur ce tableau qui, comme composition, peut être considéré comme excessivement rare et, comme peinture, du meilleur temps de l'artiste.

LE MÊME.

67. H. 73. L. 53. — Bois.

PORTRAIT DU BARON HENRI DE VICQ.

Vu à peu près de face, vêtu d'un costume noir, portant au cou une fraise en mousseline blanche à larges plis. Ce portrait est un de ceux qu'on peut ranger parmi les meilleurs du fameux maître. Ce beau tableau devient d'autant plus intéressant, que c'est par l'intermédiaire du baron de Vicq, que

Rubbens reçut la commande de la galerie du Luxembourg.

RUBBENS. (Pierre Paul)

68.   H. 100. L. 72. — Bois.

PORTRAIT DE MARIE DE MÉDICIS.

Une large fraise autour du cou, à la mode de cette époque; dans la main droite un bouquet de fleurs, la main gauche reposant sur le genou. Ce tableau est d'un grand fini et d'une belle couleur.

LE MÊME.

69.   H. 92. L. 70. — Bois.

PORTRAIT DE L'ARCHIDUC ALBERT.

LE MÊME.

70.   Même dimension.

PORTRAIT DE LA REINE ISABELLE D'ESPAGNE.

Vue de profil et tenant un livre d'heures à la main, cette souveraine semble faire sa prière; ces deux portraits sont d'un beau faire du grand artiste.

DIJK. (A. van)

71.   H. 204. L. 118. — Toile.

PORTRAIT DE PHILIPPE LE ROY, seigneur de RAVELS.

Dans la vigueur de l'âge, élégamment vêtu d'un costume noir, le seigneur de Ravels est représenté montant un escalier placé à l'entrée d'un bâtiment. Il pose la main droite sur la tête d'un lévrier qui le suit, et l'autre main sur la garde de son épée; il tourne la tête vers le spectateur, sa pose est pleine d'élégance. Le fond du tableau représente une vue sur la campagne et un horizon suavement éclairé par le soleil.

DIJK. (A. van)

72. H. 204. L. 118. — Toile.

PORTRAIT DE MAD^e. LE ROY.

La jolie figure, d'une admirable fraîcheur de cette jeune dame de distinction est ornée d'une belle et blonde chevelure fortement crêpée; autour du cou elle porte un collier de perles fines qui rehaussent encore l'élégance de sa toilette; de larges manchettes plissées font ressortir avec avantage des mains d'une rare beauté; elle tient un bouquet de plumes en forme d'éventail; près d'elle on voit un petit chien épagneul, plus loin, à droite, une colonne à laquelle est attaché un rideau vert foncé et dans le fond on aperçoit un ciel grisâtre.

Plus on considère ces deux chefs-d'œuvres, plus on est émerveillé: il semble que le coloris y donne la vie aux formes et c'est sans exagération qu'on peut soutenir, qu'aucun tableau de ce grand maître n'égale ceux-ci, tant par rapport au fini supérieur, que par la peinture délicate.

LE MÊME.

73. H. 74. L. 58. — Bois.

PORTRAIT DE MARTIN PEPIN.

Ce personnage, vêtu en habit noir, est d'un extérieur très agréable et âgé de 58 ans. Ses cheveux blancs et sa longue barbe ajoutent à l'expression de sa tête. Il porte autour du cou une collerette plissée, et tient la main sur la poitrine. Ce beau portrait est également du meilleur temps de van Dijk.

DIJK. (A. van)

74. H. 114. L 95. — Toile.

LA MADELEINE.

Cette belle toile représente la Madeleine éplorée. Elle a les yeux levés au ciel et sa physionomie exprime le plus profond repentir; si van Dijk a été regardé toujours, et à juste titre, comme un des meilleurs coloristes de son temps, certes dans ce superbe tableau il s'est surpassé lui-même. Le coloris et le dessin sont admirables et ne laissent rien à désirer.

ATTRIBUÉ AU MÊME.

75. H. 225. L. 147. — Toile.

LA VIERGE QUI TIENT L'ENFANT JÉSUS AVEC UN ANGE ET ST. JÉRôME.

La Madonne, tenant l'enfant Jésus sur les genoux, est représentée assise sur les nuages. De même que son divin fils, elle a la tête couverte d'une auréole; St. Jérôme et un ange sont agenouillés en adoration devant le saint enfant. Leurs figures expriment d'une manière naturelle le sentiment religieux qui les anime.

Le fini précieux et le dessin correct de ce tableau le rendent digne des plus grands éloges.

JORDAENS. (Jacques)

76.   H. 251. L 375. — Toile.

NEPTUNE ET AMPHITRITE.

Le dieu de la mer est représenté sous l'image d'un vieillard; il est assis sur un char tiré par trois chevaux marins. Amphitrite est assise auprès de lui et tient une draperie blanche, qui flotte au gré du vent. Au devant d'eux son quatre tritons sonnant de la conque; deux amours, assis sur des dauphins, portent le trident doré de Neptune et voguent en triomphe sur la surface de la mer, dont on voit les côtes dans le lontain. Le ciel est obscurci par d'épais nuages dans lesquels on découvre deux têtes de vents, dont le souffle indique apparemment l'approche d'un orage.

LE MÊME.

77.   H. 231. L. 200. — Toile.

L'ADORATION DES MAGES.

La Vierge est assise près d'une crèche sur laquelle elle tient l'enfant Jésus. Un des Mages tenant un encensoir, est prosterné devant le Seigneur, les deux autres, accompagnés de leur suite, font leurs offrandes; derrière la Vierge on aperçoit St. Joseph, et de côté une vache blanche. Ce tableau est largement peint.

3

JORDAENS. (Jacques)

78.   H. 219. L. 253. — Bois.

LE PORTEMENT DE LA CROIX.

Le Christ, suivi des brigands, monte vers le Calvaire; il semble succomber sous le fardeau de sa croix. Un soldat le maltraite en présence de St. Jean, de Marie et d'une sainte femme agenouillée. Dans le fond du tableau on voit les membres du Sanhédrin à cheval, suivis par le peuple. Ce tableau, comme le précédent, est largement peint et de beaucoup de mérite.

TENIERS. (David)

79.   H. 76. L. 103. — Toile.

FÊTE FLAMANDE.

Dans la cour d'une habitation villageoise une foule d'individus s'amusent à danser: sur l'avant-plan, à droite, une société de villageois et de villageoises est assise autour d'une table bien servie; au centre du tableau quelques groupes d'enfants; à gauche un paysan ivre est soutenu par une vieille femme; un homme placé sur un tonneau vide joue de la cornemuse. Plus loin sous un treillage, un groupe est occupé à manger et à boire. Ce tableau est du meilleur faire de ce célèbre artiste et un des ornements de la galerie.

COQUES. (Gonzales)

80. H. 115. L. 173. — Bois.

LE REPOS CHAMPÊTRE.

Dans une belle campagne, couverte d'arbres et ornée de rosiers, se trouve une superbe fontaine surmontée d'une statue, représentant Neptune qui conduit trois chevaux marins. Près de cette fontaine
sont assis un cavalier et une dame entourés de leur
famille. Une jolie demoiselle et deux petits garçons
semblent apporter un lièvre et quelques fruits à leurs
parents. Un paon, plusieurs chiens et des accessoires de chasse ajoutent à la richesse de çe beau tableau
qui, d'un faire précieux, peut être rangé parmi les
meilleures oeuvres de cet artiste.

LE MÊME.

81. H. 72. L. 37. — Toile.

LA PROMENADE A CHEVAL.

Dans un paysage éclairé par un soleil couchant, on
voit un cavalier monté sur un cheval blanc et une
dame qui monte un cheval brun. Un nègre debout
les accompagne et porte ses regards vers la dame. Ce
tableau a beaucoup de mérite sous le rapport du
dessin.

ÉCOLE HOLLANDAISE.

HELST. (Bartholomée van der)

82. H. 232. L. 34. — Toile.

TABLEAU DE FAMILLE.

Dans un jardin un homme de distinction est assis
à côté d'une dame avec un enfant; près de lui on voit
un jeune homme tenant un faucon sur la main et à
ses pieds deux chiens de chasse. Un autre jeune seigneur, apparemment leur fils, conduit par la main
vers eux une jeune dame charmante, qu'il semble
présenter à ses parents comme sa future. Dans le
lointain on découvre un paysage montagneux. Les
figures sont de grandeur naturelle et ce beau tableau
peut être placé parmi les chefs-d'oeuvre de ce grand
artiste.

LE MÊME.

83. H. 128. L. 182. — Toile.

PORTRAIT DU PEINTRE.

Ce tableau représente l'artiste lui-même, occupé
à peindre le portrait de son frère, qui tient un vio-
loncelle entre ses genoux. Sur la table devant la
quelle les deux artistes sont assis, se trouvent plusieurs
objets en harmonie avec les goûts artistiques des frères.
Ce tableau est peint d'une manière large et belle.

REMBRANDT VAN RHIJN.

84. H. 153. L. 121. — Toile.

PORTRAIT DE JEAN PELLICORNE ET SON FILS.

Assis dans un fauteuil, Jean Pellicorne est représenté le regard tourné vers le spectateur; son costume est celui qu'on portait en Hollande vers le milieu du 17ᵉ siècle; il remet à son fils, qui est debout près de lui, une bourse contenant de l'argent, que celui-ci s'empresse d'accepter. Le jeune homme porte un habillement de couleur grisâtre. L'illusion dans cette page est au dessus de toute description: c'est la nature reproduite avec un talent et une exactitude irréprochables. Ce tableau est une de ces pièces de Rembrandt, qui placent l'artiste à la tête de la célèbre école hollandaise et qui relèvent la grandeur du génie de ce fameux peintre.

LE MÊME.

85. Même dimension.

PORTRAIT DE MADAME PELLICORNE ET SA FILLE.

Si le tableau précédent excelle par ses qualités supérieures, celui-ci, son pendant, lui est au moins égal. Il représente la femme de Jean Pellicorne, également assise dans un fauteuil; d'une main elle tient une bourse en soie verte et de l'autre elle offre une pièce d'argent à sa fille, charmante jeune personne au regard naïf, placée auprès de sa mère. La dame est vêtue d'une robe de soie noire, dont le corsage est orné d'une broderie en or, sur la tête elle porte un petit bonnet en dentelle et autour du cou une large fraise blanche. La robe de la jeune fille est d'une belle étoffe à fleurs. Ce portrait réunit les hautes et superbes qualités du précédent. Ces deux chefs-d'oeuvre proviennent de la succession de feu M[r]. Valckenier van de Poll, à Amsterdam.

REMBRANDT VAN RHIJN.

86. H. 112. L. 88. — Toile.

PORTRAIT D'UN RABBIN.

Il représente un homme déjà avancé en âge, vêtu de noir. La main droite est appuyée sur le dossier d'une chaise et la main gauche tient une lettre. Ce tableau est peint non seulement d'une manière vigoureuse et énergique, mais il est en outre d'un rare fini d'exécution.

LE MÊME.

87. H. 62. L. 49. — Toile.

PORTRAIT DU PEINTRE.

Vu de face et la tête couverte d'une toque de velours rouge. C'est un fort beau tableau, d'un grand fini et qui peut occuper une première place parmi les produits du pinceau de ce grand artiste.

REMBRANDT VAN RHIJN.

88.   H. 110. L. 90.

PORTRAIT D'UNE JEUNE FILLE.

Elle est représentée vue de profil, les mains sur la
poitrine et vêtue d'une robe de couleur rougeâtre.
L'effet du clair-obscur est superbe dans cette belle
pièce, qui est une des bonnes productions du maître.

LE MÊME.

89.   H. 68. L. 55. — Toile.

PORTRAIT DU FILS DE REMBRANDT.

Quoique moins achevé que le précédent, ce tableau
est d'une largeur de touche et d'une qualité tellement
supérieure, qu'on peut le ranger parmi les bons tableaux de ce grand peintre.

LE MÊME.

90.   H. 147. L. 132. — Toile.

LE VIGNERON PAYANT SES OUVRIERS.

Un homme d'un âge moyen est assis derrière une
table couverte d'un tapis vert, sur laquelle se trouvent plusieurs livres; il a dans la main gauche un
sac d'argent et s'entretient avec un homme qu'on
voit à ses côtés. Celui-ci, d'un air soumis et tenant
une pièce d'argent à la main, semble lui demander
quelque chose; à droite, un jeune homme est assis à
la table, devant lui est un livre ouvert, dans lequel

il semble prendre des notes. Ce beau tableau est peint d'une manière large.

REMBRANDT VAN RHIJN.

91. H. 150. L. 121.

HOMME VÊTU EN COSTUME ORIENTAL.

Le personnage est coiffé d'un turban blanc orné de pierres fines ; un manteau richement brodé d'or est fixé sur ses épaules, de même qu'un châle de cachemire blanc ; il est debout et tient la main gauche sur la hanche, la main droite repose sur une canne. — Tableau d'une très belle qualité.

WOUWERMAN. (PHILIPPE)

92. H. 100. L. 90. — Toile.

SAINT-HUBERT.

Ce beau tableau représente l'entrée d'une forêt ; sur l'avant-plan on voit St. Hubert qui, descendu de son cheval gris pommelé, se prosterne devant un cerf portant entre les cornes un crucifix. Il a près de lui cinq chiens de chasse qui se tiennent en repos au lieu d'attaquer l'animal miraculeux. Dans le lointain on découvre des chasseurs à cheval qui se dirigent vers l'endroit où se trouve St. Hubert.

Le cheval surtout est du meilleur faire du célèbre artiste, et cette belle toile est remarquable à cause de la belle composition et de son ton agréable.

BOTH. (Jean et André)

93.

B. 114. L. 159. — Toile.

PAYSAGE D'ITALIE.

Sur l'avant-plan, à droite du tableau, près d'un tertre couronné de plusieurs arbres et dans la proximité d'une cascade qui se précipite du haut d'une montagne voisine, sont placés deux hommes, dont l'un descendu de cheval, rattache un de ses éperons, tandis que l'autre fait allonger ses étriers. De ce côté du tableau passe une route éclairée par les rayons du soleil; de cette route descend une femme, assise sur un mulet et accompagnée d'un homme; à quelque distance un pâtre, en conversation avec un autre individu, garde quelques brebis. Cette scène est peinte dans un ton chaud, produit par le soleil brûlant de l'Italie, et l'on peut considérer ce tableau comme une des meilleures productions des frères Both.

RUISDAEL (Jacques) et
VAN DE VELDE. (Adrien)

94.

H. 133. L. 173. — Toile.

PAYSAGE.

Le site montagneux est traversé par une rivière. Sur l'avant-plan à gauche du tableau, se trouve un pont en bois qui conduit vers une route le long de la rivière; vers la droite une montagne sur-

montée d'arbres de grande dimension. Sur la route
à gauche un pâtre, conduisant un troupeau de boeufs
et de moutons, semble indiquer le chemin à deux cavaliers, dont l'un est monté sur un cheval gris pommelé
et l'autre sur un cheval brun; plus loin, sur le troisième
plan on voit plusieurs habitations et un horizon
montagneux. Cette toile magnifique, provenant de la
collection Boreel, peut être considérée comme un des
chefs-d'oeuvre de l'artiste.

RUISDAEL. (Jacques)

95. —   H. 48. L. 41. — Toile.

VUE EN NORVÈGE.

Dans ce joli petit tableau une grande cascade forme
l'avant-plan, une rivière serpente à travers une con-
trée montagneuse vers l'horizon. D'un ton très naturel.

VAN DE VELDE. (Guillaume)

96. —   H. 90. L. 127. — Toile.

MARINE.

Eau calme sur laquelle une flotte composée de
divers bâtiments, qui semblent entrer dans un port.
La plupart des navires et des bateaux sont montés
d'une foule de personnes; du côté gauche un vaisseau
tire un coup de canon; dans le lointain la ville de
Dordrecht. Tableau d'une bonne qualité.

BAKHUIJSEN. (Ludolphe)

97.   H. 96. L. 126. — Toile.

MARINE.

Au deuxième plan est un navire qui, ayant perdu une partie d'un de ses mâts, est battu avec violence par les vagues d'une mer vivement agitée. Un orage semble sur le point d'éclater. Le soleil interceptant les nuages, donne en plein sur l'arrière-plan du tableau, qui représente un port de mer. Plusieurs bâtiments de diverses dimensions animent cette scène. Ce tableau peut être regardé comme une des meilleures pièces du maître.

HOBBEMA. (Meindert)

98.   H. 66. L. 90. — Bois.

LE MOULIN A EAU.

Ce tableau, connu dans toute l'Europe comme le chef-d'oeuvre du grand artiste, représente un paysage, au milieu duquel est situé un moulin à eau entouré de grands arbres. A gauche, à travers le feuillage, on découvre une prairie, vers laquelle conduit un chemin de traverse au milieu duquel est un pont en bois. Quelques figures animent le paysage. Les mérites de ce tableau sont au-dessus de tout ce que le pinceau si habile de ce roi des paysagistes aît jamais produit. L'effet de soleil sur le dernier plan, donne au tableau un aspect si agréable et si naturel, qu'on se croit transporté sur les lieux mêmes.

STEEN. (Jean)

99. H. 33. L. 36. — Toile.

LA FÉTE DES ROIS.

Intérieur. Autour d'une table couverte d'une nappe blanche, est assise une société composée de six personnes, qui viennent de terminer un repas, dont on voit encore les restes; une des personnes, qui semble être le maître de la maison, vide son verre à la santé des autres convives. Au plafond est suspendu une cage à perroquet, et sur la cheminée dans le fond de la chambre, sont placés quelques ustensiles de ménage; à droite du tableau est un corridor, qui conduit à la rue et au bout de laquelle on voit, dans l'embrâsure d'une porte ouverte, un couple d'amoureux qui s'embrassent tendrement.

Ce tableau est un des beaux ouvrages de Jean Steen; l'énergie et la vivacité de la couleur produisent une illusion complète.

HUIJSUM. (Jean van)

100. H. 80. L. 59. — Bois.

PIÈCE DE FLEURS.

Devant une niche et sur un bloc de marbre jaune,

est placé un vase en terre, sculpté. Dans ce vase,
une multitude de fleurs superbes, telles que roses
blanches et rouges, tulipes, jacinthes, iris, pivoines,
tubéreuses, jasmins, jonquilles et autres fleurs recher-
chées sont disposées avec beaucoup de goût et d'élégance. Les mérites de van Huijsum sont partout
tellement reconnus, qu'il serait inutile et superflu de
mentionner toutes les qualités précieuses de cette
pièce. Disons-en seulement, qu'elle peut être rangée parmi les meilleures oeuvres de ce grand maître.
Les couleurs surtout sont pures et brillantes, qualités
rares dans les pièces de van Huijsum.

WENIX. (JEAN)

101.　　　H. 140. L. 104. — Toile.

NATURE MORTE.

3,300=//　　　　　　　　　　　　　　　　　　　　　　　*J. J. Scheurleer.*

Ce tableau, un des chefs-d'oeuvre de ce maître
favori, représente du gibier mort, tel qu'un lièvre,
des perdreaux et un canard, étendus par terre au
pied d'un arbre et gardés par un chien. Des accessoires de chasse et des fleurs complètent la composition de cette belle toile, dont le fond est un paysage montagneux.

NEER. (Aart van der)

102. H. 111. L. 170. — Toile.

Paysage hollandais, entrecoupé d'un canal bordé des deux côtés de diverses maisons; quelques figures, telles qu'un homme à cheval et plusieurs gens placés sur la rive droite, animent ce paysage. Bel effet de clair de lune.

———

GLAUBER. (Jean)

103. H. 86. L. 134. — Toile.

Deux pièces. Paysages montagneux, richement ornés de figures.

———

HAGEN. (J. van der)

104. H. 112. L. 147. — Toile.

Paysage hollandais très boisé, sur l'avant-plan quelques figures. De l'autre côté d'un ruisseau, des vaches et des brebis. D'un beau faire et de beaucoup de mérite.

———

MEÚLEN. (van der)

105. H. 147. L. 100. — Toile.

Portrait de Louis XIV à cheval; cette toile est peinte dans un bon style.

———

MIEREVELD. (Michel)

106. H. 120. L. 88. — Bois.

Portrait de femme en costume du 17e siècle; d'un beau faire et d'un grand fini d'exécution.

LE MÊME.

107. Même dimension.

Portrait d'homme, dans les mêmes conditions que le précédent.

ÉCOLE ALLEMANDE.

DURER. (Albert)

108. H. 49. L. 39. — Bois.

SAINT-HUBERT.

Cette pièce précieuse et bien conservée représente le
patron des chasseurs, agenouillé devant le cerf mysté-
rieux qui est placé à quelque distance. Sur l'avant-
plan, un cheval blanc d'une extrême delicatesse de
touche et d'un fini précieux. Les productions de
l'école allemande étant rares, cette pièce est digne
d'une attention toute particulière.

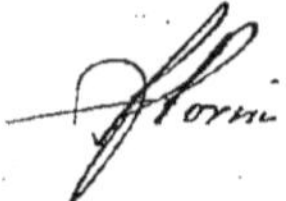

ÉCOLE FRANÇAISE.

ARMAND. (Charles)

225 = 109.   H. 215. L. 140. — Toile.

Sujet de l'histoire sainte. Dans cette belle composition de plusieurs figures on reconnaît le style de
Rembrandt.

CLOUET. (François), dit JANET.

230 = 110.   H. 25. L. 23. — Bois.

PORTRAIT DE DON JUAN D'AUTRICHE.

Ce Prince est représenté montant un cheval noir;
il a la tête découverte et est revêtu d'une armure
ciselée.

CLAUDE GELÉE, dit LE LORRAIN.

8600 = 111.   H. 116. L. 162. — Toile.

UN PORT DE MER.

Le spectateur est placé dans un de ces endroits
près de la Méditerrannée, que l'artiste, plein de sentiment pour les beautés de la nature, choisisait pour
modèle. Sur l'avant-plan on voit des colonnes faisant
partie d'un ancien portique, dont quelques débris sont

4

dispersés parmi les plantes et les broussailles; plus loin, on découvre une espèce d'arc de triomphe dont la base descend par trois marches jusqu'au bord de la mer; dans le lointain se trouve l'entrée du port et un phare. Cette scène est richement ornée de plusieurs figures, navires et chaloupes; la mer légèrement agitée est éclairée par le soleil couchant; l'ensemble est d'un ton suave et d'un faire précieux.

Ce beau tableau provient de la collection du colonel Stuart.

CLAUDE GELÉE, DIT LE LORRAIN.

112. H. 46. L. 64. — Toile.

PAYSAGE.

Le site représente une vue en Italie; sur le second plan un ruisseau dans lequel se raffraîchissent quelques vaches. Un horizon montagneux borne cette belle scène du grand paysagiste. Le soleil couchant fait le plus bel effet dans ce beau tableau.

ATTRIBUÉ AU MÊME.

113. H. 98. L. 141. — Toile, forme ovale.

LES RÉJOUISSANCES DU MARIAGE D'ISAAC AVEC REBECCA.

Dans un paysage plein de charmes, un berger et une jeune fille se livrent au plaisir de la danse; ils sont entourés de plusieurs groupes de figures qui se

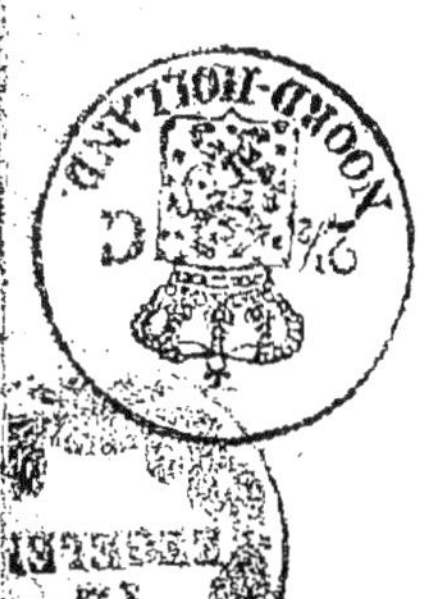

réjouissent sous d'immenses bosquets d'arbres. Un lac
se présente vers le centre du tableau et plus loin, on
découvre quelques habitations, figures et animaux. Ce
tableau a beaucoup d'attraits, surtout à l'égard de la
composition et du ton agréable.

ATTRIBUÉ AU MÊME.

114.   H. 98. L. 141. — Toile, forme ovale.

DÉPART DE LA REINE DE SABA.

Sur l'avant-plan, à droite, on découvre un palais
magnifique orné de colonnes; sur les marches de
cet édifice, qui descendent jusqu'au bord de la mer,
deux personnages semblent recevoir la reine qui s'a-
vance pour s'embarquer dans une chaloupe tout près du
rivage. Plus loin, près d'une tour, on voit un navire à trois mâts abordé par une barquette. A gauche,
sur le premier plan, une colonne isolée attenant à un
vieux portique, se détache sur quelques navires et
sur une jetée qui forme l'entrée du port. Le tout est
éclairé par un soleil couchant.

POUSSIN. (Gaspard)

115.   H. 90. L. 134. — Toile.

PAYSAGE.

Dans un site montagneux on aperçoit sur l'avant-
plan quelques figures. Plus loin une rivière et un
horizon montagneux. Ce beau paysage est vivement
éclairé par les rayons du soleil du soir.

4

ÉCOLE ESPAGNOLE.

MURILLO. (Bartholomé Estéban)

36,000 = 116.

H. 198. L. 135. — Toile.

L'ASSOMPTON DE LA VIERGE.

La Vierge, d'une expression céleste, est soutenue par
des nuages et par plusieurs anges tenant des palmes, des
lauriers, des fleurs de lis et des roses; ils enlèvent
la mère de notre Seigneur vers une gloire ornée de
chérubins. Les deux mains, grâcieusement posées sur
sa poitrine, retiennent une partie de la draperie de
son manteau bleu d'azur, qui se détache sur une robe
blanche flottant au gré du vent. Ce précieux tableau
d'une réputation européenne peut, à juste titre, être
considéré comme un des plus beaux et des plus soignés de
cet artiste, tant sous le rapport du coloris suave et lumineux, que sous celui de l'exécution savante et spirituelle.

LE MÊME.

2,500 = 117.

H, 192. L. 116. — Toile.

ST. JEAN DE LA CROIX.

Dans un lieu solitaire le Saint, vêtu d'un froc blanc,
est prosterné devant un crucifix placé sur une table,
au-dessus de sa tête planent plusieurs chérubins
et à ses pieds se trouvent quelques livres. Ce

beau tableau est peint dans le meilleur style du grand artiste.

MURILLO. (Bartholomé Estéban)

4,450 118.   B. 211. — L. 164. — Toile.

SAINTE FAMILLE.

St. Joseph est debout tenant l'enfant Jésus dans les bras ; à gauche la Vierge qui les regarde. Sa figure est empreinte du caractère de dignité et d'amour maternel, qu'on attribue généralement à la mère de notre Seigneur. Cette belle toile mérite aussi bien l'attention par rapport au correct du dessin que sous celui du brillant de son coloris.

ATTRIBUÉ AU MÊME.

1,200. 119.   H. 228. L. 120. — Toile.

MÊME SUJET.

La Vierge est assise tenant l'enfant Jésus sur le bras; derrière elle St. Joseph est debout et quelques Séraphins sur l'avant-plan entourent St. Jean ; dans le fond on découvre un paysage montagneux.

VÉLASQUES. (Don Diégo)

38,850 120.   H. 200. L. 120. — Toile.

PORTRAIT DE PHILIPPE IV, ROI D'ESPAGNE.

Ce monarque, juste appréciateur du grand talen

de ce fameux peintre, est représenté debout et probablement dans un des salons de son palais, près d'une table couverte d'un tapis, sur laquelle est posé son chapeau ; son regard sérieux et son noble maintien lui donnent une expression sévère et imposante ; son costume est de velours et de satin noir ; il porte autour du cou un large ruban auquel est suspendu l'ordre de la toison d'or. Il tient de la main droite un papier plié, tandis qu'il s'appuie de la main gauche sur le pommeau de son épée. Derrière lui, un rideau rouge relevé d'un côté, laisse voir une porte entr'ouverte, donnant sur un balcon. Le talent sublime du grand Vélasques se retrouve abondamment dans cette belle toile, qui est digne d'enrichir une galerie royale.

VÉLASQUES. (Don Diégo)

121. Même dimension.

PORTRAIT DU COMTE-DUC D'OLIVAREZ.

Vêtu d'un justaucorps noir, d'une écharpe de la même couleur et d'un léger manteau à l'espagnole, ce diplomate sous le règne de Philippe IV, est représenté debout, tenant la main droite sur la garde de son épée. Il s'appuie de la main gauche sur une table couverte d'un tapis rouge et y tient une baguette ; son regard vif et malicieux indique ce qui se passe dans son âme ; sa pose est vraiment noble et lui donne un air de distinction.

Ce beau portrait a le même mérite que le précédent.

Ces deux toiles précieuses proviennent de la collection de feu Mr. Laperrière, dont la vente eut lieu à Paris en 1825.

VÉLASQUES. (Don Diégo)

575 - 122.   H. 93. L. 74. — Toile

PORTRAIT D'UNE FEMME.

Représentée à genoux et vêtue en costume de l'époque; un collier de perles entoure son cou et pend jusque sur sa poitrine. Ce portrait est de beaucoup de mérite.

LE MÊME.

775. 123.   H. 118. L. 77. — Toile.

PORTRAIT D'UNE FILLE DE DISTINCTION.

Elle est vue en pieds tenant une plume de la main gauche, tandis que la droite repose sur une table placée près d'elle. La belle couleur qui distingue les peintures de l'école espagnole, est remarquable dans ce beau tableau.

NAVARETTO.

410. 124.   H. 158. L. 140. — Toile.

SAINTE FAMILLE.

La Vierge avec l'enfant Jésus. St. Joseph est placé derrière elle, il est en partie caché dans l'ombre. A droite, dans le fond du tableau, on distingue un paysage éclairé par la lune.

RIBEIRA SPAGNOLETTO. (Joseph de)

125.   H. 200. L. 154. — Toile.

SAINTE FAMILLE.

Cette superbe composition représente la Madonne
assise, tenant l'enfant Jésus sur ses genoux; St. François
de Paul, vêtu d'un cilice blanc, est agenouillé devant
l'enfant divin. Ses traits expriment les sentiments de
vénération dont il est inspiré. Les figures, ainsi que
les draperies, sont peintes dans un bon style. Ce tableau donne un bel échantillon du grand savoir-faire
du célèbre artiste espagnol.

LE MÊME.

126.   H. 200. L. 154. — Toile.

SAINT-JEAN BAPTISTE.

Il se trouve représenté ici tel qu'il est décrit dans
l'Écriture sainte, tenant de la main droite un jonc
surmonté d'une croix, et de l'autre caressant un
agneau qui se trouve près de lui.

LE MÊME.

H. 129. L. 108. — Toile.

SUITE DE 12 TABLEAUX REPRÉSENTANT LES APÔTRES, SAVOIR:

127.   St. Jean l'Évangéliste tenant un rouleau de
parchemin devant lui et une plume à la main.

128.   St. Pierre, tenant une clef à la main et le
coudé appuyé sur un bloc de pierre.

129. St. Paul, enveloppé dans un manteau rouge, tenant de la main gauche un livre et de la droite une épée.

130. St. Jacques le mineur, tenant un bâton et un livre.

131. St. Jacques le majeur avec une hache et un rouleau de papier.

132. St. André, vieillard que tient une croix et un livre.

133. St. Philippe, tenant des deux mains une bible ouverte.

134. St. Mathieu, vêtu de noir, tenant des deux mains un livre relié en parchemin.

135. St. Simon, tenant une lance de l'une et un papier avec une inscription de l'autre main.

136. St. Jude, vieillard à barbe blanche; une scie et un volume entr'ouvert sont près de lui.

137. St Barthélémi, vêtu d'un manteau; il tient un couteau de la main droite.

138. St. Thomas, tenant de la main droite une équerre.

Ces tableaux, pleins d'expression et de caractère, sont peints de main de maître et dignes du grand Ribeira.

INCONNU.

139. H. 86. L. 72. — Toile.

SAINT-FRANÇOIS.

Sur cette belle toile on voit le Saint en prière.

Le ton chaud, l'exécution large et vigoureuse et le brillant de la couleur mettent au jour le grand talent de l'artiste.

ÉCOLE ITALIENNE.

ALBANE. (François)

140. H. 86. L. 100. — Cuivre.

LE TRIOMPHE DE VÉNUS SUR LA MER.

Cette riche composition est d'un fini extrême et les figures en sont peintes avec beaucoup de grâce. Vénus, accompagnée de nymphes et d'amours, est assise sur un char traîné par deux chevaux marins. Neptune qui se trouve auprès d'elle, conjure la tempête, qui se calme aussitôt à la voix du dieu de la mer.

SAINT MARC. (Barthélémi de)

141. H. 98. L. 50.

LA VIERGE AU PALMIER.

Ce précieux tableau, provenant de la collection Aldobrandini, est un des plus distingués du maître. Il représente la Sainte Vierge assise près d'un palmier, tenant l'enfant Jésus par le bras qu'il pose sur ses genoux; de la main gauche il désigne à St. Jean une croix de roseau qui est à ses pieds, entourée d'une auréole avec ces mots: ECCE AGNUS; St. Jean, les bras croisés sur la poitrine, est devant lui dans une attitude respectueuse. Cette scène est placée dans un paysage pittoresque; on aperçoit dans le lointain une église et une ancienne ville fortifiée avec ses remparts garnis de tourelles à créneaux.

BELLINI. (Attribué à)

142.   H. 72. L. 64. — Toile.

LE CHRIST PORTANT LA CROIX.

Le Seigneur représenté en buste, paraît succomber sous le fardeau de la croix et, malgré l'humiliation qu'il essuie, son regard conserve l'expression de sa résignation et de son courage.

BRONZINO. (Agnolo)

143.   H. 173. L. 86. — Bois.

UN DES FILS DE COSME DE MÉDICIS.

Ce beau portrait représente un jeune homme à la fleur de l'âge. Il est assis près d'un rocher; de la main gauche il montre dans le lointain l'embrasement d'une ville et de la droite il tient une médaille.

DI CREDI. (Lorenzo)

144. SAINTE FAMILLE.

La Sainte Vierge tenant l'enfant Jésus sur ses genoux; à côté d'elle est St. Jean Baptiste dans l'attitude
de la prière.

CARRACI. (Annibale)

145. H. 121. L. 170. — Toile.

LE CHRIST MORT SUR LES GENOUX DE LA VIERGE.

Cette toile superbe, d'une couleur brillante et d'un
ton très naturel, représente le Christ mort, sur les
genoux de la Vierge, les dites qualités, ainsi que
la belle composition font de ce tableau un véritable
chef-d'oeuvre.

LE MÊME.

146. H. 115. L. 84. — Toile.

LA MADONNE AVEC L'ENFANT.

Cette pièce peut être considérée comme étant du
meilleur temps du maître.

LUDOVICO CARRACI. (Attribué à)

147. H. 144. L. 132. — Toile.

LE CHRIST MORT SUR LES GENOUX DE LA VIERGE.

Répétition du même sujet décrit sous le N°. 145, mais

d'une composition différente. Quoique ne possédant pas les mêmes hauts mérites que celui-là, ce tableau n'en est pas moins superbe.

CANALETTI.

148. H. 61. L. 90. — Bois.

VUE DE VENISE.

Sur ce tableau, d'un effet superbe, on voit la rivière depuis l'avant-plan, bordée des deux côtés de superbes édifices. Partout règne dans cette précieuse pièce un ton lumineux et un effet de soleil brillant.

LE MÊME.

149. H. 61. L. 90. — Bois.

MÊME SUJET.

Ce tableau qui fait pendant au précédent, est comme lui, dans les meilleures conditions. Beau dessin, belle couleur et autres superbes qualités en font un des meilleurs de l'artiste.

LE MÊME.

150. H. 25. L. 70. — Bois.

MÊME SUJET.

Ce beau tableau, ainsi que le suivant, son pendant, possède beaucoup de mérite; l'artiste y a imité la nature avec un plein succès. Le dessin, comme la couleur est irréprochable.

CANALETTI.

151. Même dimension.

Même sujet, dans les mêmes conditions supérieures.

DOMINICHINO.

152. H. 114. L. 170. — Toile.

TABLEAU MYTHOLOGIQUE.

Cette belle toile représente l'Europe sous la figure d'une nymphe, assise sur un taureau. La couleur, ainsi que la composition de ce tableau mérite une mention honorable.

DOLCI, (CARLO)

153. H. 102. L. 72. — Toile.

SAINT-LUC.

L'Apôtre est représenté écrivant l'Évangile. Son attitude indique qu'il est plongé dans la réflexion; dans l'ombre on découvre un lion. Ce beau tableau, quoique d'un grand fini, est peint d'une manière large, et les couleurs y ont cette transparence qu'on admire dans toutes les oeuvres de l'artiste.

DOLCI. (Carlo)

154. H. 86. L. 72. — Toile.

UNE MADONNE.

La Ste vierge, tenant l'enfant Jésus sur les bras et lui présentant des fruits: cette belle composition est d'un pinceau admirable.

RHENI. (Guido)

155. H. 120. L. 100 — Toile.

SAINT-JOSEPH.

Cette belle toile représente St. Joseph tenant entre ses bras l'enfant Jésus, dont il reçoit des caresses; au loin on aperçoit dans un paysage simple et tout-à-fait en harmonie avec les figures, la Ste Vierge, assise sur un âne conduit par un ange. La grâce et la beauté qu'on admire dans toutes les oeuvres de Guido, se trouvent réunies dans ce tableau.

ATTRIBUÉ AU MÊME.

156. H. 113. L. 92. — Toile.

LA MADELEINE.

Profondément affligée, elle porte ses regards vers le ciel; ses cheveux tombent négligemment sur ses épaules. Son manteau d'étoffe bleue est savamment drapé.

LE GUERCHIN.

157. H. 220. L. 186. — Toile.

LE MARTYRE DE STe. CATHÉRINE.

La Sainte est représentée à genoux, les mains liées; le bourreau, un glaive à la main, la saisit par la chevelure. Le fini d'exécution, la pureté du dessin et la beauté dans l'expression des caractères font de ce tableau une pièce digne des plus grands éloges.

LE MÊME.

158. H. 100. L. 74. — Toile.

UNE MADELEINE.

La Madeleine est assise et lit, une main est posée sur une tête de mort et l'autre sur son sein; cette toile est de beaucoup de mérite.

———◆———

GIORDANO LUCA.

159. H. 124. L. 99. — Bois.

TARQUIN ET LUCRÈCE.

Cette composition de figures à mi-corps est peinte de main de maître. Les efforts que fait Lucrèce pour résister aux violences de Tarquin sont supérieurement bien rendus.

GIORDANO. (Luca)

160.   H. 119. L. 176. — Toile.

SISERA ET JAHEL.

Ce groupe de deux figures traité largement, est d'un beau coloris; l'expression de la femme qui tient le marteau à la main, est bien comprise est rend parfaitement la tradition historique.

GIORGONE. (Attribué à)

161.   H. 96. L. 103.

Trois portraits : deux hommes avec une femme. Ce tableau prouve en faveur de l'artiste.

IMOLA. (Inocenza de)

162.   H. 242. L. 185. — Toile.

SAINTE FAMILLE.

La Madonne et l'Enfant sont représentés dans cette belle composition, assis sur un trône, entourés de St. Sébastien, de Saint Vincent de Paul et d'autres personnages.

LUINI. (Bernard)

163. H. 243. L. 153. — Bois.

St. Sébastien est attaché à un arbre, le corps percé de deux flèches ; près de lui sur un tertre se trouve la Madonne avec l'enfant Jésus et St. Jean ; fond de paysage.

LE MÊME.

164. H. 122. L. 97. — Bois.

SAINTE FAMILLE.

Cette superbe page est une œuvre précieuse du grand maître. La Vierge assise tient des deux mains l'enfant Jésus, qui carésse St. Jean, et lui donne en même temps sa bénédiction ; à côté de la Vierge est Sainte Anne, le sourire est sur ses lèvres comme sur celles de Marie ; Saint-Joseph contemple ce groupe charmant. Le peintre a montré dans cette belle composition, que son talent peut rivaliser avec celui du grand Raphael.

LE MÊME.

165. H. 64. L. 56. — Bois.

STᵉ. CATHÉRINE AVEC DEUX ANGES A MI-CORPS.

Elle est vue en buste, son expression est pleine de candeur ; deux anges planent au-dessus de sa tête ;

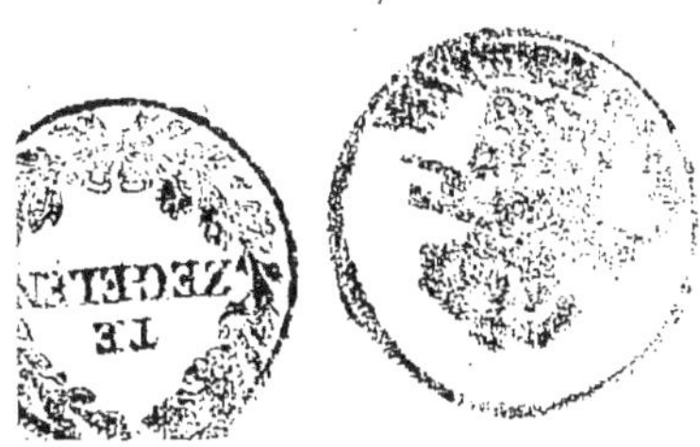

fond vert. Ce tableau est en tout point digne du
grand Luini.

⎯⎯⎯◦⎯⎯⎯

MARATTI. (Carlo)

166. H. 52. L. 43. — Toile.

ÉTUDE DE MADONNE.

L'expression de son regard dirigé vers le ciel, est
d'une douce inspiration. Le beau talent de ce maître
a su réunir dans cette tête tout ce qu'on aime à voir
dans la personne qu'il a représentée.

⎯⎯⎯◦⎯⎯⎯

MORONI. (Giovanni Battista)

167. H. 214. L. 88. — Bois.

PORTRAIT D'UN CAPITAINE PORTUGAIS.

Le personnage est coiffé d'une toque noire et revêtu
d'un pourpoint de velours de même couleur, d'où
sortent des manches tailladées en soie de couleur pourpre clair ; le haut de chausses est en velours cramoisi ;
la taille est entourée d'une ceinture à laquelle est
suspendue une épée ; d'une main il tient ses gants, de
l'autre il s'appuie contre un marbre blanc.

LE MÊME.

168. H. 114. L. 86. — Toile.

PORTRAIT D'UN GUERRIER.

⎯⎯⎯◦⎯⎯⎯

PÉRUGIN. (Pierre)

169. H. 93. L. 64. — Bois.

SAINT-AUGUSTIN.

En costume d'évêque, est assis sur un piédestal au milieu d'un paysage. Il tient à la main la crosse épiscopale et semble occupé à prononcer un sermon. Quatre moines, agenouillés près de lui, semblent écouter religieusement. Dans le fond du tableau, à droite, on découvre un édifice surmonté d'une tourelle. Ce beau tableau est du meilleur temps de l'artiste.

LE MÊME.

170. H. 174. L. 147. — Bois. Tableau rond.

SAINTE FAMILLE

Dans cette belle composition, la Vierge tenant l'enfant Jésus, est assise dans une enceinte bâtie en pierres blanches. Elle est accompagnée de Sainte Rose qui est debout à sa droite, portant un vase de cristal et une branche de rosier : à sa gauche est Sainte Cathérine ; plus en arrière et sur la partie élevée de l'enceinte, deux anges debout sont en adoration : ce tableau a toujours été considéré comme un des plus beaux ouvrages du maître.

PALMA VECCHIO.

171. H. 110. L. 156. — Toile.

SAINTE FAMILLE.

La Sainte Vierge est assise dans un paysage, au pied

d'un arbre, tenant l'enfant Jésus sur ses genoux; Saint-François, Saint-Jérôme et quelques saintes femmes environnent ce groupe charmant. Cette belle composition fait ressortir avec éclat les hauts mérites de Palma, qui, comme on peut le voir dans cette pièce, étudiait le grand Titien.

PIOMBO. (Sébastien del)

172. H. 112. L. 77. — Bois.

Portrait d'une femme de la famille des Médicis; d'une grande délicatesse de touche et d'une qualité supérieure.

LE MÊME.

173. H. 260. L. 189. — Toile.

LE CHRIST AU TOMBEAU.

Dans cette pièce, le corps mort du Seigneur est porté par les Apôtres. La mère du Christ est évanouie et soutenue par quelques saintes femmes; au fond est un paysage. Ce tableau peut être rangé parmi les meilleures œuvres de l'artiste. Le dessin irréprochable, la belle couleur et d'autres mérites encore contribuent à en faire un objet d'art de première qualité.

ALESSANDRO VAROTARI, dit LE PADUANINO.

174.　　H. 100. L. 79. — Toile.

BACCHANTE.

Une bacchante se défendant des caresses d'un faune,
qui passe ses bras autour de sa taille; plus loin on
découvre un satyre poursuivant une nymphe.

200

Enthoven

RAPHAEL SANZIO. (Attribué à)

175.　　H. 67. L. 59. — Bois.

PORTRAIT DE JEAN FRANÇOIS PENNI.

Vu de face et vêtu d'un petit bonnet en forme de
toque et d'un pourpoint noir, sur lequel retombe un
col de toile blanche. Il tient son mouchoir d'une
main qu'il appuie sur un piédestal, où est posé une
tige de fleurs d'oranger; de l'autre main il tient une
lettre. Ce beau portrait provient de la collection de
Lucien Bonaparte.

3000

Weyman

RAPHAEL SANZIO.

176.　　H. 119. L. 119. — Toile. Tableau rond.

SAINTE FAMILLE.

La Vierge est agenouillée et tient la main gauche
sur le dos de St. Jean; l'enfant Jésus est endormi à
ses côtés, un voile diaphane sur la tête; fond de paysage. Tableau superbe et digne du grand artiste. Il
provient de la collection de Lucien Bonaparte.

16500

Roos

RAPHAEL SANZIO.

177.   H. 47. L. 49. — Bois.

PORTRAIT DE SALÉSAR.

Buste, vu de trois quarts; sa figure indiquant un âge déjà avancé, est encore belle; la tête est coiffée d'une toque noire. Ce portrait mérite l'attention à cause de ses qualités supérieures.

ROMAIN. (Jules)

178.   H. 138. L. 105. — Bois.

BUSTE ALLÉGORIQUE D'ALEXANDRE LE GRAND.

La tête couverte d'un casque surmonté d'un lion et de plumes, ce héros est vêtu d'une cotte de mailles entourée d'un ceinturon, auquel est attaché un sabre dont le manche est orné d'une tête de tigre en bronze. Ce beau tableau est peint de main de maître.

LE MÊME.

179.   H. 196. L. 114. — Bois.

SAINT-JEAN DANS LE DÉSERT.

On voit le précurseur du Christ dans un lieu solitaire; une partie de son corps est couverte d'un manteau rouge, de la main gauche il tient une croix et près de lui se trouve un agneau.

DEL SARTO. (André)

180. H. 100. L. 74. — Bois.

UNE SAINTE FAMILLE.

La Ste. Vierge, assise sur un tertre, donne le sein à
l'enfant Jésus; St. Joseph se repose derrière ce tertre,
tenant la main gauche sous le menton; dans le fond
on voit un tronc d'arbre et un ciel couvert. La
grâce et la pose pleine de charmes de la Mère et
de l'Enfant, ainsi que le faire précieux de cette belle
composition, en font une des meilleures productions du
pinceau de ce grand artiste.

LE MÊME.

181. H. 107. L. 22. — Bois.

LA VIERGE DE PADE.

La Vierge est représentée ici, comme dans toutes les
oeuvres de ce grand maître, d'une manière grâcieuse
et pleine de candeur. Elle est assise à terre et l'enfant Jésus, debout devant elle, semble vouloir la quitter; la Vierge le retient et tourne ses regards vers St.
Jean, assis dans l'enfoncement du terrain et accompagné de deux anges. Près de ce groupe se trouve
St. Antoine de Padoue agenouillé, tandis qu'un ange,
jouant du violon, lui apparaît sur un nuage. Ce superbe tableau est également d'une qualité supérieure.

SALVATOR ROSA.

182. H. 141. L. 178. — Toile.

PAYSAGE.

325

Dingwall

Le site représente une vue en Italie, avec figures et terminée par un horizon montagneux. La manière large, la belle couleur et les autres mérites reconnus de Salvator Rosa se trouvent réunis dans cette belle toile.

***

SASSO FERRATO.

183. H. 100. L. 110. — Toile, forme ovale.

LA VIERGE AVEC L'ENFANT JÉSUS.

3000
Nieuwenhuys

La Madonne, les mains jointes, considère avec attendrissement et bonheur son divin fils, endormi devant elle sur un lit.

L'expression des caractères est superbe dans ce beau tableau.

***

SCHIDONE. (Barthélémi)

184. H. 102. L. 84. — Bois.

LA MADELEINE.

2700
Roos

La pécheresse est nonchalamment assise dans un lieu solitaire. D'une main elle tient son mouchoir et sur l'autre elle appuie sa tête; son regard exprime le plus profond repentir; de chaque côté de la Sainte se trouve un ange. La verve qui caractérise les œuvres de Schidone, se fait également remarquer dans cette pièce.

TITIEN VECELLI.

185.   H. 157, L. 213. — Toile.

PHILIPPE II, JOUANT DE L'ORGUE EN PRÉSENCE DE SA MAÎTRESSE.

La maîtresse du roi d'Espagne est couchée toute nue sur une espèce de lit, qui se trouve sur l'avant-plan du tableau. Son amant est placé à gauche, jouant de l'orgue et tournant la tête pour la contempler; cette pièce possède la force de coloris, qui caractérise toutes les œuvres du Titien. La partie la plus éclairée du tableau est la figure de la femme, le Roi est placé dans l'ombre.

- LE MÊME.

186.   H. 176. L. 252. — Toile.

TRIOMPHE DE LA RELIGION.

Cette riche composition représente le Seigneur Jésus-Christ sur un char de triomphe, entouré d'une foule d'ecclésiastiques de divers rangs et ordres et d'autres personnages; au bout on voit le ciel ouvert et l'Éternel, représenté sous la forme d'un vieillard, les bras ouverts, accueillant avec joie ceux qui ont suivi le Seigneur.

TITIEN VECELLI.

187.   H. 177. L. 252. — Toile.

TRIOMPHE DE LA SCIENCE.

Ce tableau, pendant du précédent, représente un philosophe et un globe, sur lequel il semble mesurer avec un compas; il est placé sur un char de triomphe et entouré d'un grand cortège, composé de personnages de différentes conditions, à en juger par leurs habits et les accessoires; le train passe à travers un paysage montagneux. Ces deux tableaux sont très intéressants et d'un faire digne du grand maître.

LE MÊME.

188.   H. 159. L. 166. — Toile.

CONCILE DE TRENTE.

Cette scène intéressante représentée par un maître comme le Titien, a une grande valeur pour ceux qui apprécient le fait historique et le grand talent de cet artiste.

LE MÊME.

189.   H. 124. L. 93. — Toile.

PORTRAIT DE CLEMENT MAROT.

Ce beau tableau nous représente le poète âgé d'environ 30 ans; il est habillé d'un pourpoint tailladé en soie noire, la taille est entourée d'une ceinture, à laquelle est suspendue une épée; d'une main il désigne le livre qu'il teint de l'autre, en l'appuyant sur une table devant laquelle il est debout.

TITIEN VECELLI. (Attribué à)

190.　　H. 137. L. 197. — Toile.

LES PÈLERINS D'EMMAüS.

Le Seigneur, assis à une table entre les deux pèlerins d'Emmaüs, semble bénir le pain; derrière la table on voit l'hôtesse qui, accompagnée d'un domestique, apporte une soupière; plusieurs accessoires enrichissent ce tableau, qui est d'un beau faire.

VINCI. (Léonard da)

191.　　H. 73. L. 58. — Bois.

LA COLOMBINE.

Ce précieux tableau, connu sous le nom de LA COLOMBINE, et qui passe pour être le portrait de la maîtresse de François I, est d'une grande beauté. La jeune femme est représentée assise près d'un rocher, tenant à la main une tige garnie de petites fleurs; sa chevelure est arrangée avec grâce et rappelle, en quelque sorte, la coiffure des statues grecques; sa robe, d'une étoffe blanche brodée en jaune, est ajustée moyennant une agrafe; son sein gauche est laissé à découvert. Une draperie bleue couvre son épaule et tombe négligemment sur le genou. La beauté de la tête et des mains, l'expression de la bouche, l'exécution suave et fondue, la grâce qui règne dans tout ce tableau sont au-dessus de tout éloge. Ce précieux portrait a toujours été regardé comme un des plus beaux ouvrages de Leonardo ; il faisait partie de la belle collection du duc d'Orléans, vendue en 1790 à un Mr. Walkiers, de Bruxelles, pour une somme très considérable; plus tard il passa dans la collection de Mr. Danoot, où il fut acheté par le prince d'Orange.

VINCI. (Leonard da)

192. H. 126. L. 104. — Bois.

LÉDA.

La mère de Castor et de Pollux est représentée dans une attitude, qui contribue à donner du mouvement à toute sa personne; un genou en terre, elle semble vouloir se lever avec l'enfant qu'elle tient sur les bras, et désigne de la main gauche Pollux et Hélène, qui viennent de sortir d'un même œuf. Du côté opposé un autre enfant est assis, près de lui est la moitié d'une coquille d'œuf, qui laisse supposer qu'il vient également d'en sortir. Ce groupe se trouve dans un paysage près d'un fleuve, dont la rive gauche est ornée de bâtiments rustiques à tourelles; au delà, on voit une chaîne de montagnes qui s'éloigne vers l'horizon; dans le lointain deux cavaliers et une amazone, lançant leurs chevaux au grand galop. Ce beau tableau a orné la galerie de Hesse-Cassel, et a passé de là dans celle de Malmaison.

TABLEAUX=MODERNES.

TABLEAUX MODERNES.

ABELS. (Jacques Théodore)

1.

H. 71. L. 93. — Toile.

EFFET DE CLAIR DE LUNE.

Vue d'une rivière bordée d'arbres; dans le lointain
quelques bâtiments et sur l'avant-plan une nacelle.
L'effet de la lune est parfaitement rendu dans cette
pièce digne d'éloges.

AIWAZOWSKY.

2.

H. 54. L. 83. — Toile.

UNE MER AGITÉE.

A gauche un édifice sur la plage; une barque avec
des marins est en danger. Effet de clair de lune,
largement peint.

VAN DE SANDE BAKHUIZEN. (Henri)

3.

H. 107. L. 148. — Toile.

PAYSAGE AVEC BÉTAIL.

Sur l'avant-plan un bœuf est debout, un autre

couché, et sur le gazon à gauche, on voit quelques brebis et un bouc. Ce beau tableau est d'un pinceau large et du meilleur faire de l'artiste.

VAN DE SANDE BAKHUIZEN. (Henri)

4.   H. 148. L. 193. — Toile.

PAYSAGE AVEC BÉTAIL.

Dans une prairie, au centre du tableau, une vache est debout, tandis qu'une autre est couchée; à gauche un taillis auprès duquel on voit une femme avec un enfant, un homme avec un âne chargé de pots de lait et un bouc; ce beau tableau peut être considéré comme un des meilleurs de l'artiste.

BLES. (David)

5.   H. 12. L. 15. — Bois.

LA SURPRISE.

Ce beau petit tableau représente une charmante jeune fille, occupée dans son boudoir à écrire une lettre d'amour. Elle est surprise par son père qui entre doucement dans la chambre. D'un pinceau vif et de beaucoup de mérite.

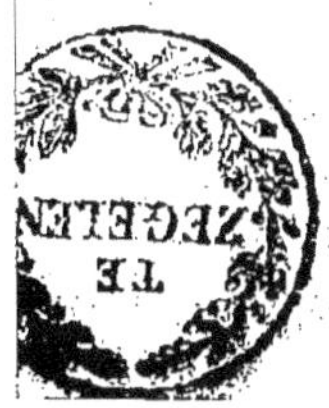

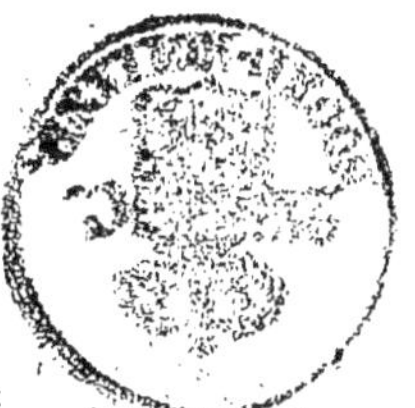

BOSBOOM. (Jean)

6. H. 75. L. 63. — Bois.

INTÉRIEUR DE L'ÉGLISE DE HOOGSTRATEN.

Dans le choeur à droite, on voit une tombe sculptée, à gauche une autre plus grande, dans le fond les orgues. Un prêtre s'entretient avec un enfant de choeur, plus loin quelques dévots sont en prière. Ce beau tableau est un des meilleurs de l'artiste.

DE BRAEKELEER. (Ferdinand)

7. H. 128. L. 133. — Toile.

INTÉRIEUR DE LA CITADELLE D'ANVERS, LORS DU SIÈGE DE CETTE VILLE EN 1832.

Les figures sont peintes dans un bon style et font preuve du talent de l'artiste.

BRASCASSAT.

8. H. 97. L. 128. — Toile.

PRAIRIE AVEC BÉTAIL.

Sur l'avant-plan, un groupe formé par deux chèvres et une brebis, à droite un taureau et plus loin d'autre bétail; le ton chaud, la manière large et vigoureuse contribuent à faire de ce tableau un chef-d'oeuvre de peinture.

ROGER.

9.   H. 96. L. 130. — Toile.

Sur l'avant-plan une femme est renversée par un taureau, deux hommes en costume espagnol, armés de lances et montés sur des chevaux, viennent pour la délivrer. Cette pièce témoigne du grand savoir-faire de l'artiste.

BRASCASSAT.

10.   H. 46. L. 88. — Toile.

LA RÉCOLTE DES FOINS.

Dans la vallée d'un paysage montagneux on est occupé à la récolte des foins; quelques moissonneurs sont diligemment à l'ouvrage, d'autres se reposent; à gauche un tertre avec des arbres, sur lequel se trouve un muletier avec son mulet. Le soleil fait un effet charmant et l'ensemble du tableau a beaucoup de mérite.

BRIAS. (Charles)

11.   H. 71. L. 59. — Bois.

INTÉRIEUR.

Un homme d'un âge mûr, qui paraît être revenu du marché, tient un lièvre; près de lui, un jeune homme tient un coq qu'il semble avoir pris dans un panier avec quelque volaille. Du côté gauche, on voit une jeune fille charmante qui a acheté des légumes; une vieille femme à ses côtés, s'empresse de les mettre dans un mouchoir; un homme lui offre une pièce d'argent et un autre individu, le bras gauche appuyé sur la table, regarde la jeune fille avec attention; divers accessoires sont placés çà et là. Ce tableau est d'un fini précieux et d'une grande délicatesse de touche.

━━◆━━

CALAME. (A.)

12.   H. 132. L. 95. — Toile.

VUE PRISE EN SUISSE.

Le site représente sur l'avant-plan des sapins, sous lesquels se reposent quelques figures, au loin des montagnes et des glaciers dont la cime se perd dans les nuages. Cette pièce est remplie de la verve de de la poésie qui caractérisent les œuvres du maître.

LE MÊME.

13.   H. 55. L. 80. — Toile.

PAYSAGE.

A gauche l'entrée d'une forêt, à droite un chemin sablonneux, un marais et un horizon montagneux; effet de soleil couchant. D'un grand mérite.

━━◆━━

CALISCH. (Moritz)

14. H. 71. L. 57. — Toile.

Intérieur de l'atelier du célèbre peintre Ludolf Bak-
huizen, à l'époque ou il reçut une visite de Czar Pierre
le Grand.

COOKE. (Edward)

15. H. 53. L. 68. — Bois.

INTÉRIEUR DU MOULIN DE REMBRANDT.

Des machines, quelques objets et accessoires indiquent l'intérieur d'un moulin à blé; à travers une
fenêtre pratiquée dans la muraille et garnie d'un volet,
on voit un fond de paysage. Les productions de l'é-
cole anglaise sont généralement peu connues, mais
cette pièce donne un échantillon du grand savoir-faire
des artistes anglais.

DAIWAILLE. (Alexandre Joseph)

16. H. 53. L. 71. — Toile.

Paysage entrecoupé d'une rivière; au second plan
un manoir; sur l'avant-plan quelques figures et animaux.

DAIWAILLE. (Alexandre Joseph)

17.   H. 53. L. 71. — Toile.

Vue sur les bords du Rhin en Allemagne; sur l'avant-plan un muletier et autres figures.

Ces deux tableaux ont beaucoup de mérite.

DECAMPS.

18.   H. 49. L. 59. — Toile.

Intérieur d'une cour, dans laquelle une petite fille caresse un boule dogue qui s'y trouve avec ses petits. Un de ceux-ci lèche les pieds de l'enfant. Ce tableau est digne du grand maître.

DUBOURCQ. (Pierre Louis)

19.   H. 53. L. 68. — Toile.

VUE DANS LA CAMPAGNE DE ROME.

Un chemin passe sur un pont de pierre en ruines; à gauche, une chapelle sous deux sapins; le lointain montagneux ainsi que la vallée est peint dans un ton chaud; effet de soleil couchant; quelques figures à cheval, en chariot et à pied ornent ce beau tableau.

DIJCKMANS. (Joseph Laurent)

20.   H. 87. L. 113. — Bois.

VUE DU MARCHÉ AUX HERBES A ANVERS.

Quantité de figures animent cette scène; au loin
la flèche de la cathédrale d'Anvers; sur l'avant-plan,
des deux côtés du tableau, plusieurs accessoires, tels
que légumes, paniers, un chariot et autres sont agré-
ablement groupés; au centre du tableau, une jeune
dame s'entretient avec une vieille femme, tandis qu'une
autre à genoux achète des œufs. D'un fini précieux
et d'une couleur brillante.

EECKHOUT. (Jacques Joseph)

21.   H. 421. L. 352. — Toile.

ASSASSINAT DE GUILLAUME LE TACITURNE.

Sur l'avant-plan, représentant les marches de l'escalier du palais à Delft, ce prince se trouve mortel-
lement blessé par l'arme meurtrière de Bathasar Gé-
rards, qui fuit à travers une porte à gauche; près du
prince se tient Louise de Coligny. Cette scène est
reproduite avec talent.

GALLAIT. (Louis)

22. H. 120. L. 168. — Toile.

L'ABDICATION DE CHARLES-QUINT.

Cette superbe toile représente un fait historique majestueux et imposant; le vieux monarque est debout sur son trône, l'Impératrice, assise à ses côtés, est entourée de beaucoup de personnes attachées à sa cour, parmi lesquelles des ecclésiastiques et des dames. Charles-Quint donne sa bénédiction à son successeur et fils Philippe II, qui est agenouillé sur les marches du trône; la plupart des témoins sont profondément touchés; l'expression des différents caractères est très bien saisie, et l'exécution est digne de la réputation européenne de ce grand maître. — Ce tableau est la reproduction, sur une plus petite échelle, de celui du même maître, qui se trouve à Bruxelles.

LE MÊME.

23. H. 99. L. 80. — Toile.

Un capucin dans une attitude pensive, regardant le ciel, la tête couverte de son capuchon; il paraît réfléchir profondément, l'expression de sa figure annonce la foi et la résignation; près de lui, sur une table, sont placés deux livres; au fond un paysage. Ce tableau peut, à juste titre, rivaliser avec tout ce que le pinceau si habile de ce grand maître ait produit.

GALLAIT. (Louis)

24.   H. 72. L. 131. — Toile.

PRISE D'ANTIOCHE.

Cette scène de carnage est reproduite avec talent;
le ton est vigoureux et d'un beau clair-obscur.

GEEFS. (Madame Fanny)

25.   H. 84. L. 133. — Toile.

LES TROIS ÉPOQUES DE L'AMOUR.

Trois pièces sont réunies dans un seul cadre; dans
celle qui est à gauche, la candeur est représentée par
une jeune fille gracieuse, tenant un agneau sur les
bras; au milieu est la confiance: elle est prête à céder
aux instances d'un jeune homme qui paraît plus tard
l'avoir délaissée, ainsi que l'indique le compartiment à
droite, représentant l'abandon. Les figures ont beaucoup d'expression et dénotent le savoir-faire de Ma-
dame Geefs.

GROOT. (P. C. BREUHAUS de)

26.   H. 98. L. 138. — Toile.

PAYSAGE HOLLANDAIS.

Sur l'avant-plan du tableau, un chemin de traverse
conduit dans un bois; à côté on voit une habitation

rustique, devant laquelle un chariot s'arrête et quelques figures sont en conversation avec le conducteur ; le site se termine par un horizon accidenté, vivement éclairé par les rayons du soleil. L'effet est beau et très naturel.

GUDIN. (Théodore)

27.　　H. 124. L. 197. — Toile.

VUE DE LÀ RADE DE FLESSINGUE.

Au centre du tableau se trouve le bâtiment, commandé par S. A. R. le Prince Henri des Pays-Bas.

LE MÊME.

28.　　H. 99. L. 134. — Toile.

MER ORAGEUSE.

A droite, le soleil couchant, au milieu d'un ciel très sombre, met l'horizon tout en feu. — Sur le rivage, un homme à genoux prie pour l'heureux retour des siens, une femme semble vouloir le consoler et lui inspirer de la confiance ; un enfant se trouve près d'eux les mains jointes et exprimant la douleur. Le tout est d'un effet très poétique.

LE MÊME.

29.　　H. 99. L. 134. — Toile.

MARINE.

Sur l'avant-plan d'une mer légèrement agitée, un

bâtiment de petite dimension est à la voile et s'éloigne, de même qu'un bateau rempli de figures; l'effet est sublime, et sous le rapport de la couleur, cette pièce superbe ne laisse rien à désirer.

GUDIN. (Théodore)

30. H. 98. L. 145. — Toile.

VUE EN ALGÉRIE.

Le site représente une route large, bordée d'un côté, par des montagnes, sur lesquels s'élève une villa, et de l'autre par un précipice; quelques figures, un dromadaire et des chèvres animent ce paysage, éclairé par le soleil ardent de l'Afrique. Ce chef-d'oeuvre est une des meilleures productions du maître.

LE MÊME.

31. H. 97. L. 127. — Toile.

VUE SUR LES CÔTES DE L'ALGÉRIE.

Une route bordée d'arbres se trouve à gauche du tableau, la mer est calme, un navire vient de jeter l'ancre et une nacelle remplie de monde fait jouer les rames pour se rendre à bord. Ce tableau possède les mêmes hautes qualités du précédent.

LE MÊME.

32. H. 42. L. 65. — Toile.

MÊME SUJET.

Un soleil levant fait découvrir la rive montagneuse

et dissipe le brouillard ; sur la plage se trouvent quelques personnes. — D'un effet des plus naturels.

GUDIN. (THÉODORE)

33.   H. 45. L. 79. — Toile.

MARINE.

A droite, un rivage avec des arbres, vers lequel s'avance un bateau pêcheur ; dans le lointain quelques autres bâtiments. L'orage semble prêt à éclater et le ciel est couvert de nuages, à travers lesquels le soleil perce en quelques endroits. Ce tableau est d'un bel effet.

LE MÊME.

34.   H. 39. L. 64. — Toile.

MÊME SUJET.

A droite, au second plan, des rochers sur lesquels se trouve un phare. Un brick et un bâtiment pêcheur animent la scène, dont l'ensemble est majestueux.

LE MÊME.

35.   H. 29. L. 40. — Toile.

MÊME SUJET.

Sur une mer calme et au centre du tableau se trouve un brick ; vers le fond quelques autres bâtiments.

HAANEN. (Adrienne)

290

36.   H. 145. L. 115. — Toile.

A Lamme

Des fleurs superbes, telles que roses, pivoines, iris, dahlias et autres sont groupées avec élégance sur un bloc de marbre; au fond un paysage. Ce tableau est d'un fini précieux.

HAMMAN. (Édouard)

600

37.   H. 255. L. 180. — Toile.

Dingwall

LA VISITATION DE LA VIERGE.

Ce beau tableau, composé de trois figures de grandeur naturelle, est d'un pinceau large et traité de main de maître.

HELLEMANS. (Pierre Jean)

retiré

38.   H. 105. L. 117. — Toile.

PAYSAGE.

Sur l'avant-plan quelques grands arbres, au second, un groupe formé par une femme, un homme couché, un garçon et quelques accessoires; dans le fond du tableau des montagnes et des rochers.

Cette composition a beaucoup de mérite.

HOVE, (HUBERT VAN) fils de BARTHÉLÉMI.

39.　　　　　H. 170. L. 137. — Toile.　　　　*1020*

Pièce historique, représentant la vente publique et forcée du mobilier de Rembrandt. Ce grand artiste est assis sur une chaise entourée de divers accessoires comme meubles antiques et objets nécessaires à la peinture; un magistrat s'entretient avec lui. Cette pièce a beaucoup de mérite et porte, sous le rapport de la composition et du clair-obscur, le cachet des connaissances et de l'habileté de l'artiste.

HOVE. (BARTHÉLÉMI JEAN VAN)

40.　　　　　H. 60. L. 77. — Bois.　　　　*155*

Intérieur d'une ville, avec un rempart à gauche. Un canal est au second plan et la tour d'une église s'élève au dessus des maisons; le soleil fait un bel effet.

HOPPENBROUWERS ET ROCHUSSEN.

41.　　　　　H. 103. L. 143. — Toile.

VUE D'HIVER EN HOLLANDE.　　　　*160*

Sur la surface d'une eau glacée, une route se perd dans le lointain; au centre du tableau une tente est dressée, quelques patineurs et autres gens s'y reposent et prennent des rafraîchissements; des traîneaux

attelés de chevaux et autres figures sont placés çà et
là ; le ciel chargé de neige est d'un très bel effet et le
tout est plein de mérite.

JACQUAND. (Claude)

42. H. 187. L. 275. — Toile.

PIÈCE HISTORIQUE.

Guillaume le Taciturne vend ses bijoux, afin de pou-
voir soutenir la guerre contre les Espagnols. Sur l'a-
vant-plan sont placés en grande quantité des vases d'or
et d'argent, des bijoux et autres objets précieux ; du
côté droit, le Prince avec Anne de Saxe son épouse, est
entouré de plusieurs chevaliers et militaires ; à gauche,
des juifs arrivés de différents pays, et pour la plupart
en costume oriental, sont occupés à examiner et mar-
chander les objets précités. Ce tableau est beau de
dessin et de ton, et une des plus belles productions
de l'artiste. Il a été gravé par Alfred Cornilliet.

TEN KATE. (H. F. C.)

43. H. 92. L. 76. — Toile.

FAMILLE INDIGENTE.

Derrière une femme défaillante se tient un garçon ;
une petite fille est à ses côtés, et à ses pieds un jeune

enfant est couché; sur l'avant-plan un chien, une bible et autres accessoires; par la porte entr'ouverte dans le fond, un Monsieur entre, apparemment pour faire la charité. Le tout est composé et traité avec talent.

KEIJSER. (NICAISE DE)

44.   H. 260. L. 360. — Toile.

LA BATAILLE DE NIEUWPOORT.

La mêlée sanglante entre les troupes des Provinces unies et les Espagnols, commandés par l'archiduc Albert, est prise dans cette pièce sublime au moment où l'action s'est décidée en faveur des troupes du Prince Maurice d'Orange. Le Prince est représenté au centre du tableau, encourageant ses soldats; à droite, Mendoza, un des principaux généraux de l'archiduc est fait prisonnier par les troupes hollandaises. Cette composition peut être rangée parmi les meilleures productions du célèbre peintre d'histoire et fait en tout point apprécier son beau talent.

LE MÊME.

45.   H. 259. L. 367. — Toile.

LA BATAILLE DE SENEF.

Cette belle toile nous offre de même un échantillon du grand savoir-faire de de Keyser. Au centre du tableau, sur une partie plus élevée du terrain, le

Prince Guillaume III, monté sur un cheval brun, suivi entr'autres du Prince Henri Casimir et de Maurice de Nassau, anime ses troupes contre l'armée française commandée par le Prince de Condé; la mêlée est terrible, déjà la terre est couverte de cadavres, de pièces d'artillerie, de casques, de cuirasses et d'autres armures; le ciel, plus ou moins couvert par la fumée de la poudre, est éclairé par les derniers rayons du soleil.

KEIJSER. (Nicaise de)

46. H. 93. L. 115. — Bois.

Albert et Isabelle, entourés de plusieurs seigneurs et dames, assistent à l'université de Louvain, à un cours donné par Juste Lipse à ses élèves et prenant pour thème le discours de Sénèque sur sa clémence. Parmi beaucoup de portraits, on remarque ceux de Gevartius et d'Otto Vénius. Cette scène historique est reproduite avec beaucoup de talent. La peinture est très soignée et la composition riche fait honneur au beau talent du maître.

LE MÊME.

47. H. 132. L. 107. — Bois.

LE GIAOUR DE LORD BYRON.

La tête est pleine d'expression, et la peinture large et vigoureuse est admirable.

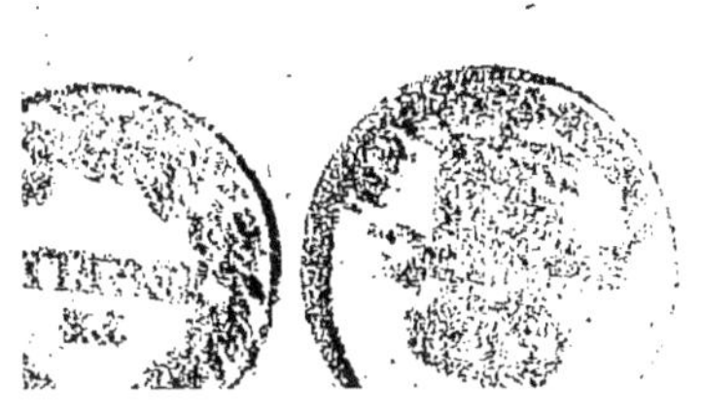

KEIJSER. (Nicaise de)

48. H. 148. L. 110. — Toile.

Étude d'Arabe au regard perçant et fixe, la tête couverte d'un turban blanc, la main droite posée sur son poignard, tandis que la main gauche repose sur la hanche; d'un coloris brillant et d'un clair-obscur superbe; le faire mérite également beaucoup d'éloges.

LE MÊME.

49. H. 148. L. 110. — Toile.

Étude de Sirien. Ce superbe tableau est aussi méritoire que le précédent.

LE MÊME.

50. H. 62. L. 49. — Bois.

TÊTE DE VIEILLARD.

Un moine à barbe blanche, les mains jointes, semble être en prière; le regard levé vers le ciel est plein d'expression.

KNIP. (Jean Auguste)

51. H. 76. L. 110. — Toile.

Vue dans les belles contrées de Spa; une rivière coule à travers ce pays fertile et l'œil repose agréa-

7*

blement sur quelques montagnes; ce tableau est du meilleur faire de l'artiste.

KOBELL. (Jean)

52.

H. 78. L. 112 — Toile.

PRAIRIE AVEC BÉTAIL.

Sur l'avant-plan, un taureau lèche le cou d'une vache, à côté une vache couchée et trois brebis, derrière lesquelles une haie avec des troncs d'arbres. A l'horizon un paysage hollandais avec d'autres animaux. On prétend avec raison que ce tableau doit être rangé parmi les meilleurs du grand maître.

KOEKKOEK. (Bernard Corneille)

53.

H. 174. L. 160. — Toile.

PAYSAGE.

Sur l'avant-plan à gauche, un sentier conduit vers l'intérieur d'un bois; sur ce sentier se trouvent debout et couchées, pêle-mêle, quelques vaches et quelques brebis. Un garçon conduit un âne chargé de marchandises, derrière lui on voit une jeune fille montée sur un âne et un garçon assis qui a une chèvre à ses côtés. Sur le second plan un amas d'arbres séculaires éclairés par le soleil. L'artiste s'est surpassé dans cette toile.

KOEKKOEK. (Bernard Corneille)

54.   H. 102. L. 119. — Toile.

Vue panoramatique sur la ville de Heidelberg et sur la rivière du Necker, qui se perd dans un horizon montagneux ; plusieurs bâtiments et bateaux à vapeur se dirigent en divers sens ; sur l'avant-plan accidenté, un voyageur est en conversation avec un berger accompagné d'un chien, et garde un troupeau de brebis. Le soleil fait un bel effet dans cette pièce qui a beaucoup de mérite.

LE MÊME.

55.   H. 87. L. 111. — Toile.

PAYSAGE MONTAGNEUX DANS LE GRAND-DUCHÉ DE LUXEMBOURG.

Sur l'avant-plan une vache debout, une autre couchée, une chèvre et une femme avec un chien ; plus loin, une ville et les ruines d'un château. L'horizon montagneux est couvert d'un brouillard. Ce tableau est une des meilleures oeuvres du grand paysagiste.

LE MÊME.

56.   H. 87. L. 111. — Toile.

MÊME SUJET.

Sur l'avant-plan montagneux, plusieurs vaches et

figures sont groupées avec goût; cette pièce est également une des meilleures du maître.

KOEKKOEK. (Bernard Corneille)

57. H. 59. L. 74. — Toile.

PAYSAGE MONTAGNEUX DANS LE GRAND-DUCHÉ DE LUXEMBOURG.

Par un chemin rocailleux on descend dans une vallée agréable, où se trouvent des pâtres surveillant leur bétail. L'horizon montagneux est peint dans un ton suave et le tout est d'une expression très naturelle.

LE MÊME.

58. H. 87. L. 111. — Toile.

MÊME SUJET.

Du premier plan, un chemin sablonneux se dirige vers le second; des deux côtés du tableau, des tertres surmontés d'arbres, un ruisseau, des broussailles et un horizon montagneux; quelques vaches et une couple de figures sont placées vers le centre du tableau; d'un ton très agréable.

LE MÊME.

59. H. 87. L. 111. — Toile.

MÊME SUJET.

Au centre du tableau, sur une montagne, se trouvent les ruines d'un vieux manoir, sur l'avant-plan

une route conduit vers une forêt et dans l'éloignement, des montagnes; bel effet de soleil.

KOEKKOEK. (Bernard Corneille)

60. H. 87. L. 111. — Toile.

MÊME SUJET.

Sur l'avant-plan accidenté sont groupées quelques
figures et des chèvres; l'horizon est montagneux. Ce
superbe tableau peut être rangé parmi les plus belles productions du talent de Koekkoek.

LE MÊME.

61. H. 87. L. 111. — Toile.

MÊME SUJET.

Le premier plan est comme le précédent et animé
par diverses figures; le second est vivement éclairé
par un soleil d'été, ce qui donne au tableau un aspect
très agréable; cette pièce mérite les mêmes éloges que
le précédent.

LE MÊME.

62. H. 87. L. 111. — Toile.

RUINES DU CHÂTEAU DE WALFREDANGE, DANS LE DIT GRAND-DUCHÉ.

À gauche des masses de rocher surmontés d'arbres;

une rivière serpente vers le centre et se perd dans un horizon montagneux. Tableau d'un aspect fort agréable et d'un beau faire.

KOEKKOEK. (Bernard Corneille)

63. H. 59. L. 74. — Toile.

PAYSAGE.

Vue dans le Grand-Duché de Luxembourg. Au centre, un vieux château entouré de prairies, à gauche un chemin montagneux, séparé du second plan par une rivière; quelques campagnards et autres figures ornent cette belle nature. Tableau fort remarquable.

KOEKKOEK. (Herman)

64. H. 62. L. 83. — Toile.

MARINE.

Sur une mer agitée, plusieurs vaisseaux font voile dans diverses directions, au loin une ville avec de grands édifices. Cette pièce est peinte dans le bon style de cet artiste.

KOEKKOEK. (Jean Herman)

65. H. 68. L. 92. — Toile.

MARINE.

Une mer avec divers bâtiments et bateaux pêcheurs; à l'horizon une forteresse et à droite du tableau, sur l'avant-plan, des pilotes; très bonne page, digne du père du grand Koekkoek.

— ❧ —

KRUSEMAN. (Cornbille)

66. H. 382. L. 479. — Toile.

ST.-JEAN BAPTISTE PRÊCHANT DANS LE DÉSERT.

Au centre du tableau, le précurseur du Christ est placé sur un tertre, un roseau en forme de croix à la main, l'autre main est étendue vers le ciel; il est environné de personnes de diverses nations, parmi lesquelles on distingue, à droite du tableau une femme montée sur un âne, tenu par la bride par un homme sur l'avant-plan. A gauche de la scène, un groupe formé par un homme en costume oriental, un nègre et une jeune fille; de tous côtés plusieurs personnes s'approchent et semblent écouter avec avidité les paroles de l'homme du désert, qui annonce la venue du Messie. — Ce tableau est considéré comme le chef-d'oeuvre de l'artiste.

LE MÊME.

67. H. 108. L. 87. — Toile.

Un vieillard aveugle assis, tenant une lumière à la main, et une jeune fille derrière lui avec une écuelle, semble demander l'aumône aux passants; d'un effet très piquant.

— ❧ —

VAN DE LAAR. (Jean Henri)

68. H. 35. L. 46. — Bois.

Le peintre Salvator Rosa occupé à dessiner le portrait d'une jeune fille; autour d'eux se trouvent quelques brigands.

LABOUCHÈRE. (P. A.)

69. H. 167. L. 215. — Toile.

QUATRE RÉFORMATEURS.

Cette toile superbe représente Martin Luther, Philippe Melanchton, Pomeranus et Cruciger, occupés à traduire la bible: les figures et les accessoires sont peints d'une manière irréprochable et donnent un échantillon du grand savoir-faire de cet amateur distingué.

LAMME. (Arij Jean)

70. H. 123. L. 85. — Toile.

LA FEMME ADULTÈRE.

Le Seigneur Jésus-Christ tient la femme profondément affligée par la main, l'autre main est étendue vers le ciel.

LAPITO. (A.)

71. **PAYSAGE EN ITALIE.**

Sur l'avant-plan accidenté plusieurs arbres, plus loin un lac qui se perd dans un horizon montagneux; l'effet du soleil est magnifique.

300
Roseboom

LEICKERT. (Charles)

72. H. 92. L. 117. — Toile.

PAYSAGE HOLLANDAIS.

A gauche sur l'avant-plan, un canal qui traverse le tableau et qui se perd dans l'horizon, où l'on découvre une ville en partie cachée par des arbres; effet de soleil couchant qui donne à cette pièce vraiment superbe et d'un beau faire, un effet très naturel.

410
De Vries

LIESTE. (Corneille)

73. H. 99. L. 144. — Toile.

PAYSAGE MONTAGNEUX.

Coucher de soleil, d'un effet charmant.

360
Van Pallant

LEYS. (Henri)

74.   H. 114. L. 91. — Bois.

INTÉRIEUR D'UNE VILLE.

A droite , une maison bâtie dans un style rustique,
devant laquelle une charmante jeune fille s'occupe à
faire de la dentelle ; derrière elle se trouve un homme,
accoudé sur le dossier d'un banc, qui lui adresse
la parole. Un peu plus loin, au centre et dans le
fond du tableau, sont d'autres personnes et deux chevaux à l'abreuvoir. La main de maître et le ton
suave qui caractérisent ce grand artiste sont surtout
admirables dans ce tableau.

LE MÊME.

75.   H. 112. L. 130. — Bois.

INTÉRIEUR.

Devant la cour d'une auberge, on voit au centre
deux hommes assis à une table; une fille est debout
auprès d'eux et semble vider un verre de vin ; sur
l'avant-plan , une vieille femme est occupée à nettoyer
un verre, non loin d'elle sont une petite fille et un
chien ; à droite, une écurie dans laquelle se trouve
un cheval blanc, et au fond quelques individus. Ce
tableau a beaucoup de mérite sous le rapport du
clair-obscur et de l'exécution.

LEYS. (Henri).

76. H. 146. L. 98. — Toile.

COMBAT ENTRE LES BOURGUIGNONS ET LES GAN-TOIS EN 1452.

Ce tableau magnifique rend admirablement les scènes d'un combat sanglant; les guerriers ainsi que les chevaux sont très bien peints et l'ensemble témoigne du beau talent de l'artiste.

MADOU. (J. B.)

77. H. 53. L. 68. — Bois.

INTÉRIEUR.

Dans un cabaret plusieurs villageois sont assis autour d'une table, une vieille musicienne ambulante chante et deux musiciens l'accompagnent; l'un joue du violon, l'autre de la clarinette. Cette musique amuse les assistants; divers accessoires sont placés çà et là dans l'appartement; ce tableau est d'un faire superbe.

MAILLE ST. PRIX.

78. H. 79. L. 110. — Toile.

Paysage entrecoupé d'eau; à droite une colline avec des vaches et des figures.

MEIJER. (Louis)

79. H. 128. L. 198. — Toile.

VUE SUR LA MÉDITERRANÉE

Cette belle toile représente la mer agitée; au centre ou voit un bâtiment de guerre et plus avant une barque avec des marins; dans le lointain est encore un navire en pleines voiles. Le tout est d'un ton très naturel et plein de mérite.

MOERENHOUT. (Jos. Judocus)

80. H. 120. L. 168. — Bois.

CHASSE AU CERF.

Un grand nombre de seigneurs et de dames à cheval, suivent une meute de chiens traquant un cerf, l'animal paraît fatigué et semble vouloir faire un dernier effort pour se sauver; la scène se passe dans un paysage accidenté, sur l'avant-plan duquel une paysanne montée sur un âne et un paysan semblent observer la chasse: cette toile peut être rangée parmi les meilleurs tableaux de l'artiste.

LE MÊME.

81. H. 120. L. 168. — Bois.

MÊME SUJET.

Dans un paysage montagneux, deux cavaliers de distinction, montés sur des chevaux et accompagnés d'une meute de chiens de chasse , assistent à la curée d'un cerf : plusieurs autres cavaliers s'avancent à bride abattue pour être témoins de cette scène ; l'avant-plan et l'horizon sont montagneux. Ce tableau peut être rangé parmi les meilleurs ouvrages de l'artiste.

NAVEZ. (FRANÇOIS JOSEPH)

82. H. 177. L. 135. — Toile.

Famille italienne, composée d'une moine, d'une vieille femme , d'une jeune fille et de deux enfants; le faire de cette page est des meilleurs de l'artiste.

NUIJEN. (WIJNAND JEAN JOSEPH)

83. H. 88. L. 116. — Toile.

LE COUP DE CANON.

Ce tableau d'une grande réputation , représente un yacht, duquel on tire un coup de canon; plusieurs autres voiles sont à diverses distances ; à l'horizon la ville d'Amsterdam , dont on découvre les édifices à travers le brouillard du matin. Sur l'avant-plan à gauche, une digue avec divers ustensiles de pêche , quelques figures , des chiens , des canards et des accessoires; le soleil fait un effet superbe dans cette pièce , qui peut être considérée, à juste titre, comme un tableau unique.

NUIJEN. (Wijnand Jean Joseph)

84.   H. 68. L. 88. — Bois.

LE MARCHÉ AU POISSON D'ANVERS.

Sur cette belle page se trouvent une foule de figures presque toutes occupées à vendre ou à acheter
du poisson; sur l'avant-plan, un pêcheur, vêtu en
veste rouge, s'entretient avec un de ses compagnons
placé à quelque distance devant une brouette; au fond
un mur, au-dessus duquel on aperçoit le mât d'un
navire. Cette pièce, peinte dans le meilleur style de
feu ce grand artiste, est pleine d'harmonie.

LE MÊME.

85.   H. 112. L. 91. — Toile.

LE DÉMÉNAGEMENT EN HIVER.

Devant une vieille maison sont entassés des meubles,
des ustensiles de ménage et des ornements; quelques personnes sont en discours au sujet d'un traîneau, attelé de
deux chevaux et chargé d'objets avec lesquels il s'é-
loigne; sur l'avant-plan quelques canards et autres accessoires; le ciel est à la neige et fait un très bel effet.
Ce tableau, de même que les précédents, peut être
rangé parmi les meilleurs ouvrages de l'auteur.

LE MÊME.

86.   H. 57. L. 63. — Toile.

MARINE.

Sur les bords de la mer, une frégate dépareillée semble avoir jeté l'ancre. Le navire et le rivage sont remplis de figures; dans le fond on aperçoit des dunes. Ce tableau, d'une belle couleur, est digne en tout point de la main de l'excellent artiste.

NULJEN. (Wijnand Jean Joseph)

87.   H. 149. L. 200. — Toile.

APRÈS LE NAUFRAGE.

Cette scène pleine de vigueur, représente les bords de la mer, presqu'entièrement couverte des débris d'un bâtiment, sombré à quelque distance. Une multitude de marins s'occupent à secourir les malheureux naufragés; çà et là on découvre des cadavres; l'expression est superbe et l'exécution de main de maître.

LE MÊME.

ET FIGURES PAR

N. DE KEIJSER.

88.   H. 65. L. 83. — Toile.

Un jeune homme, tenant une belle jeune femme entre les bras, est adossé contre un rocher; la mer montante leur inspire beaucoup de crainte; aussi la jeune femme semble recommander son âme à Dieu. Ce tableau est d'un beau faire, d'une couleur brillante et digne en tout point, des deux célèbres artistes.

OMMEGANCK. (Balthasar Paul)

89. H. 100. L. 121. — Bois.

PAYSAGE AVEC BÉTAIL.

Sur l'avant-plan; un pâtre conduisant un troupeau de brebis; un chien accourt et semble par ses aboiements effrayer les brebis, tandis que le pâtre fait ses efforts pour le chasser à coups de bâton; sur le second plan, une jeune fille et un jeune paysan montés sur des ânes, suivent le troupeau; au loin une rivière et un horizon montagneux. Peint dans le meilleur style du grand artiste.

OPZOOMER. (Simon)

90. H. 80. L. 61. — Bois.

PIÈCE HISTORIQUE.

Les frères Jean et Corneille de Witt, dont l'un est occupé à lire à haute voix dans la Sainte Écriture devant son frère, qui est malade et au lit, semblent déjà prévoir le sort fatal qui les attend. Tableau plein de mérite et d'une belle couleur.

LE MÊME.

91. H. 136. L. 165. — Toile.

Belle composition avec beaucoup de figures; d'un pinceau large et digne du beau talent de cet artiste.

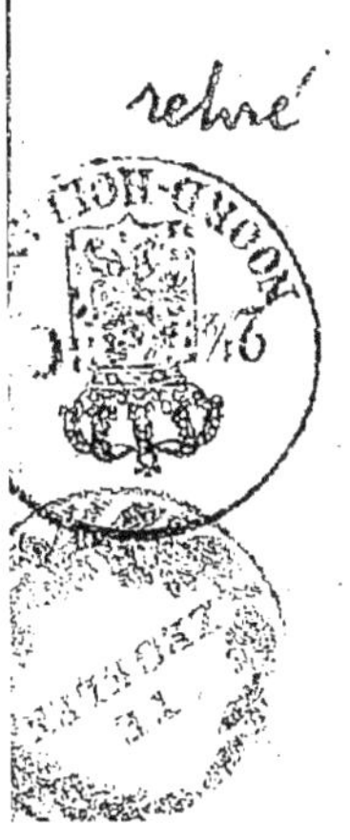

OPZOOMER. (Simon)

92.   H. 71. L. 51. — Bois.

LE CHEVALIER ROLAND.

Ce vaillant guerrier, s'étant retiré du monde, est assis en froc de moine sur la hauteur, à laquelle, après sa
mort, on a donné le nom de Rolandseck; il fixe ses
regards sur le couvent où se trouve sa maîtresse. D'un
fini précieux et d'une bonne couleur.

VAN OS. (George Jacques Jean)

93.   H. 91. L. 73. — Toile.

NATURE MORTE.

Un faisan et un canard suspendus par les pattes
à un fusil à deux coups, quelques fruits, tels que
pommes et oranges, des légumes et autres accessoires
font le sujet de cette pièce, qui est d'une bonne qualité
et de beaucoup de vigueur.

LE MÊME.

94.   H. 91. L. 73. — Toile.

TABLEAU DE FRUITS.

Sur un plateau de cristal sont placés plusieurs
grappes de raisin bleu et blanc, des pommes et un
bouquet de fleurs superbes. Ce bel ensemble se

8ᵃ

trouve sur un bloc de marbre jaune et n'est nullement inférieur au tableau précédent.

VAN OS. (George Jacques Jean)

95. H. 78. L. 58. — Bois.

NATURE MORTE.

Un faisan et un perdreau sont suspendus à une branche; des fleurs et des fruits superbes, tels que camélias blancs et roses, des violettes, une pêche et quelques grappes de raisin forment le reste du tableau, qui est plein de mérite.

LE MÊME.

96. H. 40. L. 32. — Toile.

MÊME SUJET.

Un perdreau suspendu par la patte, une bécassine, plusieurs fruits, une poire à poudre et quelques petites fleurs, le tout composé avec grâce, forment le sujet de cette belle toile, qui peut être rangée parmi les meilleures de l'artiste.

LE MÊME.

97. Même dimension.

PIÈCE DE FLEURS.

Sur un bloc de marbre jaune sont arrangées avec beaucoup de goût, plusieurs fleurs superbes, telles que rhododendrons, géraniums, anémones et autres. Cette page est du même mérite que la précédente.

PIENEMAN. (Jean Guillaume) d'après F. Bol.

98. H. 155. L. 132. — Toile.

Le portrait de l'Amiral M. A. de Ruyter. Cette copie est digne de la main de son auteur.

LE MÊME.

99. H. 74. L. 65. — Toile.

Portrait du Général Baron Chassé.

LE MÊME.

100. H. 76. L. 63.

Portrait du Capitaine de frégate Coopman.

LE MÊME.

101. H. 82. L. 71. — Toile.

Un paysage; d'un effet très naturel.

PIENEMAN. (Nicolas)

102. H. 74. L. 59. — Bois.

Buste de guerrier; la tête couverte d'un casque, il tient une arme à la main. Tableau plein de vigueur.

PIENEMAN. (Nicolas)

103. H. 27. L. 22. — Toile.

Paysage avec deux figures et un chien; belle composition.

PLEYSIER. (J.)

104. H. 123. L. 187. — Toile.

Eau calme; dans le lointain le port de Flessingue,
et plus en avant un bâtiment, à bord duquel se rend
S. A. R. le Prince Henri des Pays-Bas.

POITEVIN. (Eugène le)

105. H. 87. L. 116. — Toile.

Le peintre Guillaume van de Velde sur les bords
de la mer, offrant de l'argent á des marins pour le
conduire dans une barque, malgré le gros temps; ils
semblent hésiter à cause de l'ouragan; les figures sont
très bien peintes et l'aspect de ce tableau est agréable.

LE MÊME.

106. H. 105. L. 172. — Toile.

A une certaine distance on voit le combat naval
entre les Hollandais et les Anglais en 1666; sur l'a-
vant-plan dans une barque, Guillaume van de Velde,

le visage impassible, est occupé à dessiner cette scène meurtrière. La composition et l'exécution sont admirables.

REGENMORTER. (IGNACE VAN)

107. H. 40. L. 49. — Bois.

Charmant paysage avec une cascade et quelques figures occupées à la pêche; d'un ton suave et naturel.

REEKERS. (HENRI)

108. H. 92. L. 74. — Bois.

PIÈCE DE FLEURS ET DE FRUITS.

Sur un bloc de marbre jaune sont assortis plusieurs fruits, tels que citrons, oranges, raisins, pêches et autres; au-dessus, quelques fleurs superbes, telles que tubéreuses, anémones et rhododendrons. Belle composition, pleine de goût, dont l'exécution fait honneur au talent de l'artiste.

ROCHE. (PAUL DE LA)

109. Forme ronde , 90 centim[s]. diamètre.

L'AMOUR MATERNEL.

Cette belle composition représente une jeune femme tenant un enfant nu sur les genoux; un autre enfant est placé derrière elle et, jouant avec la chevelure du premier, il tient la main sur l'épaule de la femme. On peut dire que ce tableau ne laisse rien à désirer, sous le rapport de la composition, du dessin et du soin avec lequel il a été traité. C'est une très belle page du grand artiste.

ROTH. (George André)

110.   H. 57. L. 71. — Toile.

Paysage montagneux, effet de soleil couchant; d'un ton très chaud.

VAN ROYEN.

111.   H. 170. L. 210. — Toile.

Cette belle toile représente Albert Beiling assis, la main droite appuyée sur un sablier; il semble attendre avec anxiété le moment, qu'il devra quitter sa femme et son fils. Ceux-ci le prient avec instance de rester auprès d'eux. Les caractères sont bien exprimés et la composition mérite beaucoup d'éloges.

RADIN SALEH.

112.   H. 144. L. 185. — Toile.

Combat entre deux lions, dans un paysage montagneux.

RADIN SALEH.

113. H. 114. L. 85. — Toile.

Scène de la bataille d'Isly; composition très étendue et de beaucoup de mérite.

210
De Haas

SCHEFFER. (Arie)

114. H. 97. L. 58. — Toile.

LES TROIS MAGES.

Le premier est un vieillard à longue barbe grise, la tête baissée et tenant à la main un parchemin; le second, plus jeune que lui, reste en contemplation devant l'étoile qui annonce la naissance du Messie; le troisième, en costume de guerrier, semble interroger le précédent. La couleur, le dessin et l'expression se réunissent dans ce tableau, pour en faire une pièce pleine de poésie et digne de ce célèbre artiste.

5975
Brondgeest

SCHEFFER. (Henri)

115. H. 105. L. 80. — Bois.

PIÈCE HISTORIQUE.

Hugo Grotius, se disposant à faire une prière, avant d'entrer dans le coffre qui doit favoriser son évasion

810
A Lamme

de Loevestein; près de lui sa femme se trouve de bout. Ce tableau est d'un beau fini.

SCHELFHOUT. (André)

116. H. 77. L. 102. — Bois.

VUE EN HOLLANDE.

Le site représente une rivière glacée; sur l'avant-plan à droite, un grand édifice, à côté duquel est un navire démonté; la glace est peuplée de plusieurs figures à patins et d'autres en traîneau; sur le second plan une tente où les patineurs peuvent se restaurer; dans le lointain un paysage avec des arbres couverts de neige. Ce tableau, d'un effet très naturel, peut être regardé comme un des chefs-d'oeuvre du maître.

LE MÊME.

117. H. 82. L. 109. — Toile.

VUE AUX ENVIRONS DE ROTTERDAM.

Sur l'avant-plan à gauche, deux moulins à scier avec leurs accessoires. Au centre du tableau, une eau très calme avec un vaisseau sur lequel se trouvent beaucoup de figures; à l'horizon, les villes de Rotterdam et de Schiedam. Ce tableau est un très bel échantillon du talent et du grand savoir-faire de Schelfhout.

SCHELFHOUT. (André)

118. H. 187. L. 275. — Toile.

Vue, en guise de panorama, sur la ville de Harlem; l'avant-plan est accidenté et garni d'un grand nombre de figures; d'un beau fini.

LE MÊME.

119. H. 64. L. 87. — Toile.

MARINE.

Sur le rivage à droite du tableau, un moulin entouré d'arbres, derrière lequel s'élève la tour d'une église; un vaisseau côtoie la rive à une certaine distance, et à l'horizon se trouvent d'autres bâtiments et un bateau à vapeur; d'un beau clair-obscur.

LE MEME.

120. H. 48. L. 63. — Toile.

Vue d'une plage sur les côtes de la Hollande; à droite sur une hauteur, un phare et plusieurs figures, plus loin des bateaux pêcheurs, et des dunes à l'horizon; d'un beau faire.

LE MÊME.

121. H. 73. L. 93. — Toile.

Un paysage avec de grands arbres; au milieu du tableau, un carrefour qui d'un côté conduit vers l'ho-

rizon ; çà et là des figures et des brebis ; d'un beau
faire et d'un effet de soleil très agréable.

SCHELFHOUT. (André)

122.　　H. 73. L. 93. — Toile.

VUE EN GUELDRE.

A droite et à gauche des chaumières ; un carrefour
traverse un site très agréable ; au fond du tableau
quelques montagnes ; d'un effet de soleil piquant.

LE MÊME.

123.　　H. 45. L. 70. — Toile.

PAYSAGE.

A l'horizon la ville de La Haye ; on reconnaît aussi
dans cette pièce la main de maître de l'auteur.

SCHENDEL. (Pierre van)

124.　　H. 75. L. 87. — Bois.

UN MARCHÉ AUX POISSONS.

Effet de lumière ; sur l'avant-plan, une jeune femme
est retenue par une poissonnière qui veut lui vendre
sa marchandise ; un jeune garçon cause avec une autre
femme et tient à la main un poisson qu'il semble vouloir lui recommander ; à gauche, un paysan d'un cer-

tain âge est assis sur un chariot; divers accessoires sont
d'un effet admirable et d'un fini précieux.

SCHENDEL. (Pierre van)

125. H. 115. L. 92. — Bois.

ST. JÉRÔME.

Le coude droit appuyé sur un livre, il tient de la
main gauche un crucifix qu'il regarde avec attention.
Un ange est placé derrière lui; effet de lumière.

SCHMIDT. (Guillaume Henri)

126. H. 140. L. 172. — Toile.

PIÈCE HISTORIQUE.

Dans une église, des Huguenots en dévotion, s'ef-
fraient en entendant les pas des Catholiques qui s'approchent. Tableau plein de mérite, d'une belle composition et d'un beau clair-obscur, qui peut être considéré comme un des meilleurs de feu cet artiste
estimable.

SEBRON. (Hippolyte)

127. H. 267. L. 325. — Toile.

INTÉRIEUR DE LA CHAPELLE DE WINDSOR.

Sa Majesté la Reine Victoire, le Prince Albert, le

Duc de Wellington et une suite de seigneurs et de dames visitent la chapelle, où ils sont reçus par le clergé. Le fini de ce tableau capital et de beaucoup de mérite est précieux.

SEBRON. (Hippolyte)

128.   H. 62. L. 94. — Toile.

LA SOMNAMBULE.

Dans les galeries d'un palais, éclairées par la lune, une jeune fille en peignoir et une lampe à la main, s'avance vers l'avant-plan ; d'un bel effet, et le fini mérite également des éloges.

SPRINGER. (Corneille)

129.   H. 69. L. 87. — Toile.

VUE DE VILLE.

A droite un grand édifice et quelques maisons antiques ; un marché aux poissons situé le long d'un canal ; beaucoup de figures et quelques navires enrichissent ce tableau.

SCHOTEL. (Jean Chrétien)

130.   H. 160. L. 212. — Toile.

MARINE.

Un vaisseau aux voiles carguées et ayant beaucoup

de monde à bord, s'avance vers le fond ; un brick et une frégate se trouvent sur l'arrière-plan. La mer est vivement agitée et l'effet du ciel et de l'eau est exprimé avec beaucoup de talent. Tableau d'un grand mérite et du meilleur faire du maître.

SCHOTEL (Jean Chrétien)

131. Même dimension.

MER CALME.

Sur l'avant-plan à gauche, une nacelle dans laquelle deux pêcheurs ; plus loin à droite, un bâtiment de transport, et quelques pilotis au rivage. Sur le second plan et à l'horizon, plusieurs autres bâtiments. Cette scène superbe, éclairée par les rayons du soleil du matin, fait par ses qualités précieuses un digne pendant au tableau précédent.

LE MÊME.

132. H. 104. L. 130. — Toile.

MARINE.

Vue sur les côtes de France ; un phare est placé au sommet d'un rocher, plus loin un château et sur l'avant-plan un vaisseau, à bord duquel un grand nombre de personnes sont occupées à le faire entrer dans le port. Plus loin, à gauche du tableau, un navire qui paraît avoir beaucoup souffert par l'orage, s'avance vers l'avant-plan. Ce tableau est peint dans le meilleur style du grand Schotel et peut être regardé comme un échantillon de son grand mérite.

SCHOTEL. (Jean Chrétien)

133. H. 83. L. 115. — Bois.

MÊME SUJET.

Sur l'avant-plan à droite, un port de mer avec des pilotes. Un vaisseau paraît en sortir et s'avance vers le second plan; une frégate fait voile du côté de l'horizon et sur l'avant-plan à gauche, un bateau avec des figures; dans l'éloignement, une quantité d'autres bâtiments. L'effet du ciel et de l'eau est superbe dans cette pièce, qui peut rivaliser avec les meilleurs tableaux du maître.

LE MÊME.

134. H. 80. L. 107. — Toile.

MARINE.

Sur l'avant-plan d'une mer agitée, une nacelle dans laquelle deux figures s'occupent de la pêche, plus loin un vaisseau navigue vers l'horizon, où l'on aperçoit quelques pilotis et plusieurs voiles; le ciel et l'eau sont admirablement peints, et la pièce est vraiment sublime.

SCHOTEL. (Jean Chrétien)

135.   H. 64. L. 181. — Bois.

MER AGITÉE.

De l'horizon une frégate s'avance à pleines voiles vers
l'avant-plan, sur lequel un cabotier navigue en sens in-
verse; plusieurs autres bâtiments animent ce tableau,
qui est du plus bel effet et dont les hautes qualités
le font appartenir aux meilleurs ouvrages de l'artiste.

LE MÊME.

136.   H. 141. L. 183. — Toile.

APRÈS LE NAUFRAGE.

Ce tableau capital représente la mer encore agitée
et éclairée par le soleil; à gauche, une côte montagneuse, et à quelque distance un navire qui se trouve
dans un état délabré et dont les mâts sont brisés.
Un cabotier se dirige de son côté pour secourir les
naufragés. Sur le premier plan quelques marins sont
occupés à sauver divers objets flottants. Cette belle
toile, la dernière sortie des mains du grand Schotel,
est de beaucoup de mérite.

LE MÊME.

137.   H. 61. L. 78. — Toile.

VUE AUX BORDS DE LA MER.

Le site représente les environs de Schéveningue. Sur

l'avant-plan des dunes, plus loin la rive, animée par différentes figures qui s'occupent de la décharge d'un bâtiment pêcheur; près du rivage plusieurs bateaux ont jeté l'ancre. Cette belle toile peut être considérée comme faisant partie des bonnes oeuvres de l'artiste.

TROYVE. (E.)

138. H. 64. L. 81. — Toile.

PAYSAGE.

Une chaumière, devant laquelle on voit une figure sur l'avant-plan. Bel effet de soleil couchant.

LE MÊME.

139. Même dimension.

MÊME SUJET.

Une auberge, devant laquelle une petite fille est en conversation avec une vieille femme; fond de paysage. Comme le précédent.

TSCHAGGENY. (Ch.)

140. H. 106. L. 149. — Toile.

PAYSAGE.

Un maquignon anglais, à cheval dans un paysage,

suivi de quelques chevaux à vendre ou qu'il rapporte d'un marché. Quelques bouledogues l'accompagnent. Le ton, l'expression et la couleur font de ce tableau une pièce fort méritoire.

TSCHAGGENY. (Edm.)

141. H. 114. L. 151. — Toile.

PâTURAGE AVEC BÉTAIL.

Sur l'avant-plan un taureau suivi d'une vache; d'autres vaches se trouvent à diverses distances; effet de soleil couchant; tableau d'une belle qualité et dont la peinture est vigoureuse.

VERBOECKHOVEN. (Eugène Joseph)

142. H. 110. L. 136. — Toile.

TROUPEAU DE BREBIS, SURPRIS PAR L'ORAGE.

Sur l'avant-plan d'un paysage montagneux, un grand troupeau de brebis est conduit par un pâtre qu'on voit à une distance; l'orage prêt à éclater, donne au ciel un ton sombre et poétique. La couleur et l'exécution sont superbes, et ce tableau peut être rangé au nombre des chefs-d'oeuvre de ce grand artiste.

9*

VERBOECKHOVEN. (Eugène Joseph).

143.   H. 154. L. 182. — Toile.

PAYSAGE.

Sur l'avant-plan à gauche, une jeune fille est assise
sur un tronc d'arbre, jouant avec une chèvre. Un
taureau debout, une vache et plusieurs brebis se trouvent au centre du tableau. Vers l'horizon montagneux
on voit un château.

Le bétail et le paysage ainsi que la figure, cette dernière peinte par Le Roy, sont d'un faire superbe, et
l'effet du soleil est exprimé avec beaucoup de vérité
par le célèbre artiste.

LE MÊME.

144.   H. 70. L. 94. — Bois.

VUE EN ITALIE.

Dans une prairie sur l'avant-plan, un pâtre est couché à terre, se reposant contre un bloc de rocher.
Deux vaches, quelques moutons et un bouc. Plus
loin, une rivière et un horizon montagneux; d'une exécution très finie et pleine de mérite.

LE MÊME.

145.   H. 65. L. 89. — Bois.

Écurie dans laquelle on voit trois brebis et deux

agneaux; sur l'avant-plan, un lapin rongeant une feuille
de chou et deux pigeons. Divers accessoires sont placés
çà et là. Ce tableau est peint dans le meilleur style du
maître.

VERVEER. (Salomon Léonard)

146. H. 85. L. 115. — Toile.

VUE D'UNE PLAGE.

A gauche, une vente de poissons; plus loin un
bateau pêcheur se trouve sur le sable. Derrière une
dune une habitation près d'une tour, à droite la mer.
Plusieurs figures et autres objets enrichissent ce beau
tableau.

VERSCHUUR. (Wouter)

147. H. 69. L. 54. — Toile.

INTÉRIEUR D'UNE ÉCURIE.

Un cheval gris pommelé et harnaché est prêt à quitter l'écurie; au fond un garçon qui apporte une selle.

LE MÊME.

148. H. 33. L. 42. — Bois.

MÊME SUJET.

Un cheval blanc sur l'avant-plan, avec quelques figures et accessoires. D'une belle composition et d'une couleur agréable.

VERSCHUUR. (Wouter)

149.   H. 32. L. 48. — Bois.

PAYSAGE.

Devant un cabaret, un chariot attelé d'un cheval blanc.

LE MÊME.

150.   H. 49. L. 60. — Toile.

UN FORGERON.

Dans un paysage montagneux se trouvent à gauche, une habitation et un chariot, attelé de quatre chevaux. Devant un travail, un forgeron est occupé à ferrer un cheval; plusieurs figures animent cette scène.

WALDORP. (Antoine)

151.   H. 83. L. 110. — Toile.

EAU CALME.

Vue sur le lac de Harlem ; quelques navires et bateaux avec figures ornent cette pièce très belle par sa simplicité et par son ton naturel. Elle peut être considérée comme une des meilleures de l'artiste.

WALDORP. (ANTOINE)

152. H. 58. L. 79. — Toile.

MARINE

A droite, quelques pilotis et des maisons, devant lesquelles s'arrêtent des bâtiments de différente dimension, montés de figures ; ce tableau est dans le meilleur style du maître.

LE MÊME.

153. H. 50. L. 59. — Toile.

MARINE.

Un vaisseau côtoie la rive, sur laquelle se trouve un vieux château ; à l'horizon un brick et autres bâtiments ; d'un beau faire.

LE MÊME.

154. H. 36. L. 42. — Bois.

MARINE.

Eau calme, animée par divers bâtiments avec figures ; dans le lointain un rivage ; d'un beau faire.

LE MÊME.

155. H. 109. L. 89. — Toile.

INTÉRIEUR D'UNE ÉGLISE.

Sur l'avant-plan, deux hommes vêtus en costume du 17ᵉ siècle sont debout et en conversation, plus loin quelques autres figures. L'effet de soleil est superbe dans ce tableau, un des meilleurs qui soient connus de Waldorp dans ce genre.

WAPPERS. (GUSTAVE)

156. H. 310. L. 398. — Toile.

VAN DER WERF AU SIÈGE DE LEYDE.

Le bourguemestre, entouré de bourgeois affamés, met sa vie à leur disposition. Son expression est calme et noble, tandis que le désespoir et la faiblesse se peignent sur les autres figures. Cette page fait honneur au grand artiste.

LE MÊME.

157. H. 128. L. 162. — Toile.

SCÈNE DE LA VIE DE LOUIS XI.

Le prince, vieux et malade, est assis dans un fauteuil sur la terrasse de son palais, entouré de sa suite; deux charmantes jeunes filles dansent devant lui avec beaucoup de grâce ; deux chiens de chasse et plusieurs accessoires se trouvent près du groupe principal ; plus loin, une sentinelle et quelques individus, curieux de ce qui se passe, et dans le lointain une procession, se dirigeant vers une chapelle dans un site montagneux. Ce tableau, d'une grande renommée a beaucoup de mérite et la composition, comme le dessin et la couleur, est digne de Gustave Wappers.

<hr>

WIEGMAN. (W. G.)

158. H. 67. L. 84. — Toile.

Paysage hollandais, traversé d'un bout à l'autre par un canal qui est bordé par une route, sur laquelle se trouvent quelques figures; d'un effet naturel.

<hr>

WILKIE. (David)

159. H. 110. L. 136. — — Bois.

LA FAMILLE DU DISTILLATEUR.

Cette famille écossaise est composée du grand-père, du père, de la femme de celui-ci, de deux enfants et d'un nourrisson au sein de sa mère. Le grand-père est placé devant une fenêtre ouverte, qui donne sur un paysage montagneux, il tient une fiole à la main; à ses pieds une jeune fille, qui paraît âgée de douze ans environ, est occupée à verser de l'eau dans un baril; le père, assis par terre, tire de la liqueur d'un tonneau; derrière lui est assise sa femme avec le nourrisson, elle regarde anxieusement par la fenêtre et semble redouter une invasion de douaniers. Un enfant nu allume le fourneau, placé au milieu de la pièce; partout règne le désordre. C'est de main de maître que le grand Wilkie a peint cette superbe page.

WEISSENBRUCH. (Jean)

160. H. 67. L. 90. — Toile.

Vue de ville hollandaise, avec un canal traversé par un pont en pierre; çà et là des figures et des navires. L'effet de soleil est admirable et le ton très naturel.

SUPPLÉMENT.

LAMME. (A. J.)

161. H. 136. L. 165. — Toile.

Maximilien d'Egmond, Comte de Buren, entouré à sa dernière heure de sa cour, aperçoit parmi les assistants un vieux fauconnier, qu'il fait approcher, pour le recommander à l'Évêque d'Arras. Belle composition dont l'exécution a de beaucoup de mérite.

VIJVER. (van der)

162. H. 60. L. 50. — Toile.

Un moine à barbe blanche, tenant une croix entre les mains jointes, semble être en prière; d'un pinceau large et plein d'expression.

DESSINS.

DESSINS.

1. RAPHAEL SANZIO. Étude de tête d'homme; à la sanguine et à la pierre d'Italie. *350 Roos*

2. RAPHAEL SANZIO. Étude de tête de guerrier, coiffé d'un casque; même manière. *325 De Vriès*

3. RAPHAEL SANZIO. Étude d'une tête de jeune homme; même manière. *300 Roos*

4. RAPHAEL SANZIO. Étude d'une tête de jeune fille en profil, regardant vers le ciel; même manière. *350 Brondgeest*

5. RAPHAEL SANZIO. Étude de tête d'homme en profil; même manière. *350 id*

NB. Les cinq dessins de Raphael mentionnés ci-dessus, sont des pièces de la plus haute rareté et d'une exécution superbe. Les têtes, toutes de grandeur naturelle, ont probablement servi comme études pour différents tableaux.

6. RAPHAEL SANZIO. Portrait d'un homme âgé, connu sous le nom de l'exécuteur testamentaire de Raphael. Ce dessin incomparable peut, à juste titre, être classé parmi les chefs-d'œuvre de ce grand maître. *3200 Woodburn*

7. RAPHAËL SANZIO. Étude d'un enfant nu; grandeur naturelle; dessin d'un grand savoir-faire et d'une pureté de lignes remarquable; à la pierre d'Italie, sur papier gris.

VINCI. (LEONARD DA) Les huit cadres qui suivent, renferment des dessins de têtes d'hommes, qui ont servi d'études à Leonardo pour son tableau de la Sainte-Cène; ils représentent la plupart, des Apôtres de grandeur naturelle; faits à la sanguine et à la pierre d'Italie. Toutes ces pages sont d'une beauté merveilleuse et de la plus grande rareté. Elles représentent:

8. Saint-André.

9. Saint-Matthieu.

10. Saint-Jacques.

11. Saint-Philippe et Saint-Nathanael.

12. Saint-Pierre et Judas.

13. Saint-Jean, l'Évangéliste.

14. Saint-Barthélémi et Saint-Thomas.

15. Saint-Jude.

16. BARROCHIO. (FERD.) Le Christ au tombeau; dessin à la pierre d'Italie.

17. BARROCHIO. (FERD.) Le Christ au tombeau; même manière; d'une exécution large et vigoureuse. Ces deux pièces sont d'une exécution supérieure.

18. ROMANI. (JULES) Sujet historique. Le festin de Belsazar; grand nombre de figures sont assises autour d'une table. Beau dessin d'un grand fini et exécuté au bistre.

19. INCONNU. L'assomption de la Vierge.

20. RAPHAEL. Feuille d'études de quelques arabesques au

Vatican; à la plume et au bistre. Page très intéressante.

21. RAPHAEL. Étude de tête d'homme, à la pierre d'Italie, sur papier gris. — 260 Woodburn

22. RAPHAEL. Sainte famille. Ce dessin, d'un beau fini, est au trait et à la plume. — 605 De Vries

23. RAPHAEL. Vénus au banquet des Dieux; étude à la sanguine. — 260 Woodburn

24. RAPHAEL. La sœur de Raphael, dessin à la pierre d'Italie. La ressemblance entre ce portrait et les Madonnes du peintre, fait présumer que la sœur lui à servi souvent de modèle. — 500 Colnaghi

25. RAPHAEL. Étude d'enfant, à la sanguine. Apparemment l'ange du tableau »La sainte famille." dans la galerie du Louvre à Paris. — 195 Brondgeest

26. RAPHAEL. Les deux Apôtres endormis dans le jardin des oliviers. Dessin à la pierre d'Italie, sur papier jaune, reh. de blanc. — 100 Weymar

27. RAPHAEL. Étude de la tête de Saint-Jean l'Évangé-liste; à la pierre d'Italie et d'une grande beauté. — 670 Colnaghi

28. RAPHAEL. Étude de têtes d'hommes, dont une en profil; cette esquisse, à la pierre d'Italie, représente le portrait du Pape Jules II. — 150 Weymar

29. RAPHAEL. Étude d'une fresque au Vatican; légère-ment lavée au bistre. — 75 id

30. RAPHAEL. Étude d'une Madonne avec l'enfant Jésus et Saint-Jean; à la plume et d'une grande beauté. — 410 De Vries

31. RAPHAEL. Feuille d'études. Deux prophètes avec des anges; ce dessin, digne de l'artiste, est traité à la plume. — 205 Woodburn

590 Enthoven 32. RAPHAEL. La Vierge aux poissons. Dessin précieux, lavé au bistre et d'un grand fini d'exécution.

690 Van Cuick 33. RAPHAEL. La Vierge et l'enfant Jésus; du côté gauche, une étude de la tête de St. Joseph.

120 Brondgeest 34. RAPHAEL. L'offrande de Noé; beau dessin à la plume, rehaussé de blanc et lavé au bistre.

130 Weymar 35. RAPHAEL. (Attribué à) Étude de deux figures, Mercure et Herse; à la sanguine.

670 Enthoven 36. RAPHAEL. La sœur de Raphael; dessin à la pierre d'Italie. Voir le n°. 24.

770 Woodburn 37. RAPHAEL. Même portrait, également à la pierre d'Italie.

390 Engellerts 38. RAPHAEL. Étude d'une des fresques du Vatican; à la plume et au bistre.

470 Colnaghi 39. RAPHAEL. Étude de la Madonne de Foligne; sur papier bleu, à la pierre d'Italie; ce dessin est d'une beauté merveilleuse.

130 id 40. RAPHAEL. Études de deux hommes, l'un à cheval et l'autre debout devant lui; à la sanguine et à la pierre d'Italie.

230 Woodburn 41. RAPHAEL. Moïse sauvé des eaux; dessin à la plume et lavé au bistre.

1700 id 42. RAPHAEL. Étude d'une tête de Madonne; esquissée à la pierre d'Italie.

310 id 43. RAPHAEL. Tête d'homme. Ce dessin d'après nature, à la pierre d'Italie, a servi probablement d'étude pour la tête de St. Pierre, dans le tableau de la transfiguration; il est du meilleur temps du maître.

100 id 44. RAPHAEL. Attila. Ce dessin au bistre est apparemment une étude pour la fresque au Vatican.

1230 Roos 45. RAPHAEL. L'évanouissement de la Vierge; étude pour

46

le tableau de Raphael dans le palais Borghese, dessiné
à la plume.

46. RAPHAEL. Feuilles d'études, représentant différentes
parties du dessin précédent. Vasarius a dit, en
écrivant la vie de Raphael, que peignant des figures,
il en dessinait d'abord les squelettes, ensuite les formes nues et enfin les draperies; cependant cette tradition a été souvent révoquée en doute. Cette page,
comme la précédente, prouve d'une manière évidente
que l'écrivain n'a pas eu tort.

47. RAPHAEL. Un Évangéliste, tenant un livre à la main.
Dessin à la plume.   *80 Woodburn*

48. Signé TITIEN. La bataille de Constantine. Dessin à la
plume et légèrement lavé au bistre.   *110 Barly
                                                      à Londres*

49. RAPHAEL. Le Christ au tombeau. Cette superbe page
peut être considérée comme un des chefs-d'oeuvre du   *6900 Van Cuyck*
grand artiste: non seulement elle est remarquable par
la pureté du dessin, mais encore la composition est
de celles qu'on rencontre difficilement du maître. Ce
dessin, fait à la plume, est de toute beauté.

50. RAPHAEL. St. Michel terrassant le démon. Dessin à la *430 Woodburn*
plume et lavé au bistre, d'un grand fini d'exécution.

51. RAPHAEL. Étude d'après nature et à la pierre d'Italie *360 Roos*
d'une tête d'homme, qu'on trouve dans la transfiguration.

52. RAPHAEL. Madonne avec un enfant; beau croquis à   *750 Engelbert*
la plume.

53. RAPHAEL. Bataille d'Ostia; belle composition, lavée *170 Woodburn*
au bistre.

54. BRAMANTE. Étude d'homme; sur papier préparé.   *580 Engelbert*

250 Weyman 55. RAPHAEL. Le Christ donnant sa bénédiction. Étude pour le tableau des cinq Saints; à la pierre d'Italie.

60 Woodburn 56. RAPHAEL. David et Bethsabé; dessin lavé au bistre.

100 —d) 57. RAPHAEL. Portrait de Jean François Penni; à la pierre d'Italie.

200 Colnaghi 58. RAPHAEL. Histoire de Jacob; beau dessin, lavé au bistre.

60 Brondgeast 59. RAPHAEL. Un portrait; beau dessin à la sanguine.

360 Van Cuick 60. RAPHAEL. Portrait de Bramante, l'oncle de Raphael; à la pierre d'Italie et rehaussé de blanc. Ce dessin est divisé en deux compartiments, dont l'un représente le portrait ci-dessus mentionné, et l'autre quelques fragments de draperies, également à la pierre d'Italie et rehaussés de blanc.

600 Roos 61. RAPHAEL. Tête d'ange regardant le ciel; dessin d'un beau fini.

210 Woodburn 62. RAPHAEL. La peste, belle composition exécutée sur papier gris.

200 Engelbert 63. RAPHAEL. Zoroastre et autres figures; belle étude à la sanguine, apparemment pour le tableau de l'école d'Athènes.

363 id 64. PERUGINI. St. Martin à cheval; Satan, sous la forme d'un mendiant, vient à lui pour lui demander l'aumône. Le revers de ce dessin représente le baptème de Notre Seigneur. Cette page est d'une belle conservation.

200 Woodburn 65. RAPHAEL. Étude au bistre pour son tableau de Sainte Cécile, qui se trouve dans la galerie de Bologne.

500 id 66. RAPHAEL. Petit croquis à la pierre d'Italie, représentant le peintre dans son jeune âge; cette page est superbe.

67. RAPHAEL. Étude de divers fragments de figures et de mains, à la plume. 420 *V. Cuick*

68. RAPHAEL. La résurrection du Seigneur ; dessin à la plume. 120 *Woodburn*

69. RAPHAEL. Loth et ses filles ; dessin d'un grand fini, exécuté à la plume, au bistre et rehaussé de blanc. 120 *Woodburn*

70. RAPHAEL. Belle étude de plusieurs figures académiques pour l'école d'Athènes. 1510 *Engelbert*

71. RAPHAEL. Timoclès devant Alexandre le grand. Ce superbe dessin à la plume peut être rangé parmi les meilleures oeuvres de l'artiste ; la belle composition et le correct de ce dessin sont dignes du grand Raphael. 280 *id*

72. RAPHAEL. L'adoration des Mages. Étude pour le tableau de la loge du Vatican. 50 *Woodburn*

73. RAPHAEL. Le lit de mort et le couronnement de la Vierge. 150 *id*

74. RAPHAEL. Étude de moine. Cette belle page est exécutée avec soin, à la pierre d'Italie. 380 *Roos*

75. RAPHAEL. Étude de jeune femme ; largement exécutée, à la pierre d'Italie. 260 *Woodburn*

76. RAPHAEL. Passage de la mer rouge ; dessin à la plume et au bistre. 400 *V. Cuick*

77. RAPHAEL. Adam et Ève ; dessin à la pierre d'Italie. 25 *Woodburn*

78. RAPHAEL. L'adoration des Mages ; dessin d'un grand fini d'exécution, traité à la plume et lavé au bistre. 100 *id*

79. RAPHAEL. L'annonciation : cette belle page est lavée au bistre. 1075 *V. Cuick*

80. RAPHAEL. Étude de quelques Anges dans diverses attitudes ; joli petit dessin, à la pierre d'Italie. 45 *Woodburn*

81. RAPHAEL. Étude de la Vierge ayant l'enfant Jésus sur les genoux ; belle page, exécutée à la plume. 665 *Engelberts*

100 Enthoven   82. DOMINIQUIN. (Attribué à) Le martyre de Saint-Étienne; dessin achevé avec soin, sur papier brun.

100 Woodburn   83. PIOMBO. (SÉBASTIEN DEL) La flagellation de Notre Seigneur. Superbe dessin d'un grand fini, lavé au bistre, sur papier bleu.

250 id   84. RAPHAEL. Le mariage de Roxane et d'Alexandre le Grand. Superbe dessin au bistre.

220 id   85. RAPHAEL. Joseph devant ses frères.

280 Weyman   86. RAPHAEL. Étude d'enfant; à la sanguine et à la pierre d'Italie; d'un beau fini.

40 Roos   87. DOMINIQUIN. Étude de Madonne avec l'Enfant; à la sanguine et d'un dessin correct.

55 De Vries   88. SARTO. (A. DEL) La Vierge et Sainte Cathérine; étude de deux têtes, à la pierre d'Italie.

25 Roos   89. CORREGIO. Une Madonne. Étude à la sanguine, d'un beau faire.

25 Roos   90. CORREGIO. Deux pièces; la mise du Christ au tombeau, et Ganymède.

85 Weyman   91. CORREGIO. Sainte famille avec Élisabeth et St. Jean. Ce beau dessin est exécuté à la pierre d'Italie et à la sanguine.

510 Woodburn   92. CORREGIO. La nuit; esquisse pour son fameux tableau de la galerie de Dresde. Page intéressante, d'un beau clair-obscur.

45 Roos   93. CARRACHI. (ANNIBALE) Étude de tête d'homme, à la sanguine et à la pierre d'Italie.

100 Woodburn   94. CORREGIO. Étude d'enfants; à la pierre d'Italie et à la sanguine.

220 De Vries   95. GUERCINO. Deux jolis dessins sur une feuille; une Madonne, et une figure académique de femme. Ces deux

beaux dessins peuvent être rangés parmi les meilleures pages du maître.

96. Corregio. Étude d'un plafond, lavée au bistre et
rehaussée de blanc.   *26 De Vries*

97. Corregio. Ganymède enlevé par Jupiter; dessin lavé
au bistre.   *55 id*

98. Vago. (Perino del) Un pape tenant un livre, avec
deux petits anges.   Dessin lavé au bistre.   *35 id*

99. Corregio. Figure académique d'un homme; à la sanguine.   *40 Roos*

100. A. del Sarto. (Attribué à) L'assomption de la Vierge:
à la pierre d'Italie.   *420 Woodburn*

101. Michel Ange. (Attribué à) Tête de femme, vue de
profil.   *70 id*

102. Michel-Ange (Attribué à) Tête de Satan.   Dessin au
bistre et à la plume.   *40 id*

103. Michel-Ange. Esquisse à la pierre d'Italie, pour le
tableau représentant le jugement dernier.   *770 id*

104. Michel-Ange. Figure académique; à la pierre d'Italie.   *185 id*

105. Michel-Ange. Le Christ crucifié; beau dessin à la
pierre d'Italie.   *240 id*

106. Michel-Ange Figure académique, largement dessinée
à la pierre d'Italie.   *200 Weyman*

107. Michel-Ange. Étude de tête d'homme, largement exécutée à la pierre d'Italie.   *850 Woodburn*

108. Michel-Ange. (d'après) Dessin au bistre, d'après la
peinture à fresque »le jugement dernier."   *210 Enthoven*

109. Raphael. Dessin rond ayant apparemment servi de
modèle à un plafond; au centre, le passage de la mer
rouge, tandis que le cercle extérieur représente l'his-   *1050 Woodburn*

toire de Joseph et de ses frères. Belle composition dessinée à la plume et légèrement lavée au bistre.

250 *Woodburn* 110. RAPHAEL. Lé baptême de Notre Seigneur. Dessin largement exécuté à la plume.

160 *id* 111. MICHEL ANGE. Tête d'homme vue de profil, coiffée d'un casque. Dessin à la pierre d'Italie.

55 *Weymar* 112. MICHEL-ANGE. (Attribué à) Une prophétesse. Beau dessin, à la pierre d'Italie.

925 *id* 113. VINCI. (LEONARD DA) Deux superbes dessins dans un cadre. L'un à la plume et à la pierre d'Italie, représente un enfant nu endormi; le grand correct de dessin qu'on remarque dans les oeuvres de ce maître, se trouve également dans cette page. L'autre qui représente le Christ au tombeau et quelques études, est dans les mêmes superbes conditions que le premier, et exécuté d'une manière large à la plume.

80 *id* 114. INCONNU. Étude d'après »le jugement dernier" de Michel-Ange.

510 *Engelberts* 115. RAPHAEL. (Attribué à) Une vision.

140 *Weymar* 116. SARTO. (A. DEL) Étude de figures; à la pierre d'Italie.

40 *Roos* 117. MICHEL-ANGE. (Attribué à) Étude du Christ au tombeau; à la sanguine.

510 *V. Cuick* 118. MICHEL-ANGE. Même sujet; à la pierre d'Italie.

700 *Woodburn* 119. MICHEL-ANGE. Étude pour la peinture à fresque »le jugement dernier;" à la pierre d'Italie; d'un faire superbe.

225 *Brondgeest* 120. MICHEL-ANGE. (Attribué à) Figure académique d'une femme; à la sanguine.

39 *Roos* 121. POLIDORO. Une adoration; dessin lavé au bistre sur papier bleu.

122. MICHEL-ANGE. La résurrection de Jésus-Christ; superbe étude à la pierre d'Italie.

123. MICHEL-ANGE. Fragment d'études; superbe page, exécutée à la pierre d'Italie.

124. MICHEL-ANGE. La mort de Phaëton; dessin superbe, à la pierre d'Italie.

125. MICHEL-ANGE. (Attribué à) Le songe de Michel-Ange; étude du tableau de la galerie de Dresde.

126. PIOMBO. (SÉBASTIEN DEL) La flagellation de Notre Seigneur; belle étude de plusieurs figures, à la sanguine.

127. MICHEL-ANGE. Les trois croix, superbe page à la sanguine.

128. MICHEL-ANGE. Étude d'un torse d'homme; à la pierre d'Italie.

129. VENUSTI. (MARCO) Jésus-Christ chassant les marchands du temple; superbe dessin, exécuté d'une belle manière à la pierre d'Italie.

130. PIOMBO. (SÉBASTIEN DEL) La résurrection de St. Lazare; belle étude à la sanguine, pour le tableau qui se trouve au Musée britannique.

131. PIOMBO (SÉBASTIEN DEL) Étude pour le même tableau de la même beauté, également traitée à la sanguine.

132. VENUSTI. (MARCO) Étude de la Vierge; d'un beau dessin, à la pierre d'Italie.

133. VENUSTI. (MARCO) La Vierge et l'Ange; mêmes conditions.

134. MICHEL-ANGE. Portrait d'un homme âgé; superbe étude, à la pierre d'Italie.

135. MICHEL-ANGE. Étude académique pour la statue de
David, traitée à la plume.

136. VINCI. (LEONARD DA) Deux études, dont l'une d'enfants jouant avec des chèvres, et l'autre de cinq portraits. Ces deux beaux dessins dans un cadre, sont
largement exécutés à la plume.

137. VINCI. (LEONARD DA) Deux pièces. Le portement de la
croix, et une sainte famille. Ces feuilles superbes
sont dessinées à la plume et rehaussées de blanc.

138. CORREGIO. (Attribué à) Quatre pièces, les Evangélis-
tes. Dessins lavés au bistre.

139. CORREGIO. Étude de St. Jean. Beau dessin à la sanguine et à la pierre d'Italie. —

140. RAPHAEL. Étude de Christ; à la pierre d'Italie.

141. MICHEL-ANGE. Belle étude de diverses figures; à la
pierre d'Italie.

142. MICHEL-ANGE. Étude d'un torse et de divers fragments;
à la sanguine.

143. MICHEL-ANGE. Étude académique, à la plume.

144. MICHEL-ANGE. Même sujet, à la pierre d'Italie.

145. MICHEL-ANGE. (Attribué à) Le Christ en croix. Belle
étude à la pierre d'Italie.

146. MICHEL-ANGE. Étude de tête, largement croquée à la
pierre d'Italie.

147. MICHEL-ANGE. (Attribué à) Étude d'homme, prise du
tableau »le jugement dernier."

148 MICHEL-ANGE. (Attribué à) Étude de Madonne, du
même tableau.

149. MICHEL-ANGE. Étude de Christ. Belle page; à la pierre
d'Italie.

150. MICHEL-ANGE. (Attribué à) Descente de croix; superbe étude, d'un grand fini ; à la pierre d'Italie.

151. MICHEL-ANGE. La Vierge; belle étude à la pierre d'Italie, sur papier bleu.

152. MICHEL-ANGE. Le Christ en croix: étude à la pierre d'Italie, sur papier brun.

153. MICHEL-ANGE. (Attribué à) L'enlèvement de Ganymède; belle étude à la pierre d'Italie.

154. MICHEL-ANGE. La Vierge avec l'enfant Jésus. Cette superbe page est dessinée à la plume.

155. MICHEL-ANGE. Étude d'homme. Superbe dessin à la plume.

156. MICHEL-ANGE. (Attribué à) Deux figures académiques. Dessin à la pierre noire.

157. MICHEL-ANGE. Figure académique d'homme. Dessin à la plume et d'un béau faire.

158. MICHEL-ANGE. Madonne avec l'enfant Jésus et Saint-Jean. Cette belle page est vigoureusement traitée à la pierre d'Italie.

159. MICHEL-ANGE. (Attribué à) Étude de figures académiques, à la pierre d'Italie.

160. MICHEL-ANGE (Attribué à) Étude de divers fragments, également à la pierre d'Italie.

161. MICHEL-ANGE. Madonne avec un enfant. Superbe dessin à la sanguine, d'un fini précieux.

162. MICHEL-ANGE. Figure académique et divers griffonnements. Belle étude à la sanguine.

163. MICHEL-ANGE. Étude à la sanguine d'une tête de vieillard vue de profil; bien conditionnée.

164. MICHEL-ANGE. Cette belle production représente deux

femmes, entre lesquelles un médaillon avec le portrait en profil de l'Arioste. Ce beau dessin est en partie à la sanguine et en partie lavé au bistre.

165. MICHEL-ANGE. Figure académique. Dessin d'un grand fini, à la pierre d'Italie.

166. MICHEL-ANGE. Étude à la plume de divers fragments; d'un belle conservation.

167. MICHEL-ANGE. Croquis à la sanguine, pour le tableau de Sébastien del Piombo, qui se trouve dans la galerie de Londres; d'une fort belle conservation.

168. MICHEL-ANGE. Cléopatre, le cou entouré d'une vipère. Cette superbe page est exécutée à la pierre d'Italie.

169. MICHEL-ANGE. Sainte Famille. Dessin d'un fini précieux; à la sanguine.

170. MICHEL-ANGE. La résurrection de Notre Seigneur; dessin à la pierre d'Italie.

171. MICHEL-ANGE. Le Christ en croix, avec la St^e. Vierge et St. Jean. Dessin d'un faire superbe, à la pierre d'Italie.

172. MICHEL-ANGE. La Vierge avec l'enfant Jésus; belle étude à la plume.

173. MICHEL-ANGE. Une sibille. Ce dessin, d'un fini précieux, est à la pierre d'Italie.

174. RAPHAEL. Le Christ au tombeau. Étude superbe à la plume; on reconnaît dans ce dessin la manière large et vigoureuse de l'artiste.

175. RAPHAEL. L'arrivée du Cardinal de Médicis à Rome. Superbe dessin d'un grand fini, lavé au bistre.

176. RAPHAEL. Sainte famille. Cette page superbe exécutée avec soin au bistre, est d'une belle composition.

177. RAPHAEL. Alexandre serrant dans un coffre l'Illiade d'Homère. Dessin à la sanguine. *400 Woodburn*

178. RAPHAEL. Le Christ au tombeau ; fort belle étude à la plume. *950 Enthoven*

179. MICHEL-ANGE. Étude d'une figure académique, représentant probablement la flagellation du Seigneur ; à la pierre d'Italie. *70 Roos*

180. MICHEL-ANGE. Le Christ et la Vierge; le Seigneur mort est supporté par des anges. Beau dessin à la pierre d'Italie. *830 Woodburn*

181. VINCI. (L. DA) Étude d'une draperie, dessinée d'une manière large et d'un fini précieux; à la pierre d'Italie. *85 Roos*

182. VINCI. (L. DA) Même étude; dessinée également à la pierre d'Italie. *180 Woodburn*

183. GUIDO RHENI. Belle étude de torse du Christ en croix; à la sanguine. *40 Brondgeest*

184. VAGO. (PÉRINO DEL) Un sacrifice. Beau dessin, d'un fini précieux, lavé au bistre. *60 de Betze à Paris*

185. CORREGIO. Étude d'enfants dans diverses attitudes, dessinée à la sanguine. Page unique. *360 Weimar*

186. FRA BARTHOLOMEO. Sainte famille. Beau dessin à la pierre d'Italie. *215 V. Cuick*

187. CORREGIO. Le couronnement de la Vierge; page superbe, esquissée à la plume. *139 De Vries*

188. CORREGIO. Étude de quelques figures, ayant apparemment été dessinée pour un plafond. *115 Engelberts*

189. CORREGIO. Tête d'ange regardant le Ciel. Dessin largement exécuté à la pierre d'Italie. *50 V. Cuick*

190. CORREGIO. Deux Évangélistes, St. Matthieu et St. Luc. Joli dessin à la sanguine. *30 Woodburn*

47 Roos — 191. SARTO. (A. DEL) Le baptême de notre Seigneur. Beau dessin à la pierre d'Italie, lavé au bistre et rehaussé de blanc.

50 Woodburn — 192. CORREGIO. La Madonne avec l'Enfant. Dessin à la sanguine en forme de demi rond.

55 Brondgeest — 193. CORREGIO. Même sujet, dessiné d'une belle manière au bistre.

30 Lamme — 194. CORREGIO. L'enfant Jésus tenant une croix. Belle page à la sanguine.

40 Engelberts — 195. CORREGIO. Sujet allégorique, traité à la sanguine.

34 Bayly — 196. CORREGIO. Tête de Madonne. Dessin à la sanguine.

65 Engelberts — 197. SARTO (A. DEL) Belle tête de vieillard, dessinée à la pierre d'Italie ; d'un beau faire.

17 Roos — 198. CORREGIO. Tête de Madonne ; étude à la pierre d'Italie.

17 Woodburn — 199. CORREGIO. Étude d'un Ange, d'un beau faire, à la pierre d'Italie.

80 — 200. CORREGIO. Deux Évangélistes. Superbe étude à la sanguine.

30 — 201. CORREGIO. Ecce homo ; ce dessin de mérite est lavé au bistre.

300 V.Cuick — 202. CORREGIO. Sainte famille. Cette page est exécutée de la même manière que la précédente.

32 Roos — 203. JACAPO LIGORI. Jésus-Christ et la Vierge. Dessin lavé au bistre et rehaussé d'or.

90 Brondgeest — 204. CORREGIO. Figure académique d'homme, en raccourci. Ce beau dessin est d'un faire large, à la sanguine.

25 Roos — 205. CORREGIO. Étude de diverses figures, à la pierre d'Italie.

130 Woodburn — 206. CORREGIO. Sujet allégorique, traité à la sanguine.

207. CORREGIO. Une Madonne et plusieurs Saints. Dessin 31 *Engelberts*
lavé au bistre.

208. CORREGIO. Madeleine repentante; belle étude à la san- 36 *V. Cuick*
guine.

209. CORREGIO. Deux Anges formant un groupe; même con- 21 *Woodburn*
dition que la précédente.

210. FRA BARTHOLOMEO. Diverses études de figures et de 80 *Engelberts*
mains, à la sanguine.

211. CORREGIO. Esquisse à la sanguine pour le tableau, 95 *De Vries*
représentant Saint-Jérôme et la sainte famille, qui
se trouve à Parme.

212. MICHEL-ANGE. Sᵗᵉ. Famille; composition de plusieurs 650 *Woodburn*
figures de grandeur naturelle. Carton colossal, à la
pierre d'Italie.

213. DOMINICHINO. Étude de Madonne, à la sanguine. 25 *Brondgeest*

214. GUIDO RHENI. L'assomption de la Vierge. Dessin à la 26 *id*
plume et au bistre.

215. POLIDORO. Enfants nus jouant avec une colombe; 35 *id*
idem.

216. GUIDO RHENI. Étude de divers fragments; à la plume. 300 *De Vries*

217. LEIJDE. (d'après L. DE) Étude de têtes d'hommes, 30 *Woodburn*
à la pierre d'Italie.

218. GUIDO RHENI. Deux études de têtes d'ange; à la san- 45 *Ikeyman*
guine.

219. TINTORETTO. (d'après) Salomon et la Reine de Saba. 15 *Brondgeest*
Dessin à la pierre d'Italie.

220. DOMINICHINO. (d'après) Étude de tête d'homme; à la 3 *id*
sanguine.

221. BARTHOLOMEO. (Attribué à) Madonne avec l'enfant Jé- 25 *id*
sus; à la sanguine.

222. RAPHAEL (d'après) Passage de la mer rouge; à la sanguine.

223. VAGO. (P. DEL) Saint-Nicolas. Dessin au bistre.

224. GUERCINO. Deux pièces; un Ange et une femme nue. Dessins à la plume.

225. SARTO (A. DEL) Étude d'un cardinal; à la pierre d'Italie, sur papier bleu.

226. POLIDORO. Le Père éternel. Dessin au bistre, sur papier brun.

227. GUERCINO. Le Christ annonçant à St. Pierre agenouillé, que les papes seront désormais ses successeurs. Très beau dessin à la plume; à la sanguine et lavé au bistre.

228. GUERCINO. St. François; dessin à la sanguine.

229. GUERCINO. St Joseph et l'enfant Jésus. Dessin à la plume.

230. INCONNU. Étude d'un Ange.

231. RAPHAEL. (d'après) Scène du déluge.

232. VINCI. (L. DA) Esquisse d'une adoration des Mages. Sur le revers du dessin se trouve un écrit de Leonardo, en langue italienne.

Cette page est d'une très grande rareté.

233. VINCI. (L. DA) Étude de diverses figures; beau dessin à la plume.

234. SARTO. (A. DEL) Étude de divers fragments; à la sanguine.

235. SARTO. (A. DEL) Étude de têtes; à la pierre d'Italie.

236. DOMINICHINO. (d'après) Étude de tête; à la sanguine.

237. MICHEL-ANGE. (d'après) Figure académique; dessin à la sanguine.

238. MICHEL-ANGE. (d'après) Même sujet; à la sanguine. *3 Enthoven*

239. SARTO. (A. DEL) Étude de tête d'homme; à la sanguine. *17 id*

240. SARTO. (A. DEL) Étude de tête de femme; à la pierre
d'Italie. *30 Woodburn*

241. PASSAROTTI. Portrait de Michel-Ange; dessin à la plume. *4 Brondgeest*

242. GARAFOLO. Copie d'après Raphael. La Madonne,
connue sous le nom de »la belle Jardinière". *34 Roos*

243. SARTO. (A. DEL) Deux têtes de Madonne. Dessin à
la pierre d'Italie. *200 V. Cuick*

244. SARTO. (A. DEL) St. Joseph, du tableau connu sous
le nom de »la Madonne del Sacco"; idem. *10 Roos*

245. SARTO. (Manière d'A. DEL) Un Saint; dessin à la pierre d'Italie. *5 Brondgeest*

246. SARTO. (Manière d'A. DEL) Étude de femme; à la
sanguine. *3 id*

247. SARTO. (Manière d'A. DEL) La sépulture du Christ.
Dessin à la sanguine. *25 id*

248. SARTO. (Manière d'A. DEL) Étude de tête et de mains;
idem. *22 V. Cuick*

249. SARTO. (Manière d'A. DEL) Étude de tête; idem. *20 Roos*

250. SARTO. (Manière d'A. DEL) La visitation. Dessin au
bistre. *26 Woodburn*

251. SARTO. (Manière d'A. DEL) Sainte famille, d'après Michel-Ange. Dessin à la sanguine. *20 id*

252. SARTO. (Manière d'A. DEL) Étude d'un laboureur; à
la plume, sur papier bleu. *4 Brondgeest*

253. SARTO. (Manière d'A. DEL) Tête de femme; dessin à
la pierre d'Italie. *24 Woodburn*

30 Woodburn   254. SARTO. (Manière d'A. DEL) Deux pièces de l'histoire de Joseph. Dessins à la sanguine.

90 id   255. INCONNU. Sainte famille, d'après Raphael.
256. INCONNU. Vision d'Ezéchiel.

3 Roos   257. PIOMBO. (d'après SÉB. DEL) Copie d'après un de ses tableaux.

retiré   258. GUERCINO. Une sainte famille.

65 Brondgeest   259. FRA BARTHOLOMEO. Deux études: un philosophe et deux enfants nus; à la pierre d'Italie.

150 Enthoven   260. TINTORETTO. La glorification du Seigneur Jésus-Christ par les Apôtres et les Patriarches. Cette riche et belle composition est d'un faire précieux; à la plume.

450 Brondgeest   261. VINCI. (L. DA) Cinq études magnifiques de divers sujets; à la plume et à la sanguine.

retiré   262. VINCI. (L. DA) Quatre études comme les précédentes.

87 Woodburn   263. VINCI. (L. DA) Deux pièces. Le portrait de l'artiste et une tête de guerrier, vue de profil. Dessins à la pierre d'Italie et à la plume.

Ces belles études sont très remarquables.

retiré   264. VINCI. (L. DA) Deux pièces. Une tête de vieillard et celle d'une jeune fille. Dessins sur papier bleu, à la pierre d'Italie.

33 Engelberts   265. SARTO. (A. DEL) Étude de plusieurs figures; sur papier brun, à la pierre d'Italie.

40 Woodburn   266. SARTO. (A. DEL) Même sujet; comme la précédente.

42 Enthoven   267. TINTORETTO. Une bataille. Dessin sur papier bleu, à la plume.

retiré   268. CARRACHI. (A.) Deux études de têtes barbues; à la pierre d'Italie et à la sanguine; d'un faire précieux.

269. VAGO. (P. DEL) Un évêque entouré d'anges. Dessin à la plume et au bistre. *7 Brondgeest*

270. GUERCINO. Composition de quatre figures; à la plume. *34 Brondgeest*

271. SARTO. (A. DEL) Figure académique; à la sanguine. *150 V. Cuick*

272. SARTO. (A. DEL) Tête d'enfant; dessin à la sanguine. *245 J*

273. GUERCINO. Étude d'enfant; lavée au bistre. *retiré*

274. GUIDO RHENI. La Vierge avec l'enfant Jésus. Dessin à la plume et lavé au bistre. *38 Roos*

275. SARTO. (A. DEL) Figure académique. Dessin sur papier bleu, à la pierre d'Italie. *retiré*

276. SARTO. (A. DEL) Le Christ mort sur les genoux de la Vierge; idem. *162 Roos*

277. CORREGIO. Étude d'une figure en raccourci; à la sanguine. *63 Roos*

278. CORREGIO. L'adoration des bergers. Dessin à la plume, lavé au bistre. *retiré*

279. CARRAVAGIO. (P. DE) Deux études, compositions historiques, à la plume et lavées au bistre. *41 Brondgeest*

280. GUERCINO. Deux études. Un homme dans un cachot, et le repos en Égypte; pièces superbes, au bistre. *86 Roos*

281. GUERCINO. Une sainte famille. Dessin à la sanguine. *retiré*

281*. FRA BARTHOLOMEO. Deux albums, contenant des dessins et des ébauches, traités de main de maître. Ils représentent pour la plupart des scènes religieuses, et ont apparemment servi comme études pour différents tableaux exécutés par l'artiste. *retiré* *auj. Wesmaer*

282. RUBBENS. (P. P.) Trois dessins magnifiques, encadrés l'un à côté de l'autre, dans un grand écran en bois des Indes, sculpté avec élégance. Celui du milieu *retiré*

11

représente le portrait de Charles-Quint à cheval ; à
la plume et au bistre. Celui de droite, d'une très
belle composition, représente la fête d'Hérodie, où
Salome apporte sur un plat, la tête de St. Jean
Baptiste à sa mère ; fait à la pierre d'Italie et re-
touché à l'encre de Chine. Le troisième représente la
Reine Tomyris, faisant plonger la tête de Cyrus dans
un vaisseau rempli de sang humain ; composition
très riche, traitée comme la précédente. Ces dessins
sont des chefs-d'oeuvre et peuvent être considérés
comme des pièces capitales et rares.

283. RUBBENS. (P. P.) Ixion embrassant Junon, entourés
de nuages. Très belle composition dessinée à l'encre
de Chine.

284. RUBBENS. (P. P.) Portrait de la première femme de
l'artiste. Elle est représentée assise dans une chaise,
les mains jointes et coiffée d'un chapeau orné d'une
plume. Dessin d'un très beau faire, à la pierre
d'Italie.

285. RUBBENS. (P. P.) Portrait d'un homme de distinction,
debout et couvert d'un manteau élégamment drapé.
Dessin à la pierre d'Italie et à la sanguine.

286. RUBBENS. (P. P.) Une dame richement habillée. Étude
pour le célèbre tableau »Le Jardin d'Amour." Idem.

287. RUBBENS. (P. P.) Jeune dame couchée sur ses genoux.
Du même tableau ; dessin à la pierre d'Italie.

288. RUBBENS. (P. P.) Un cavalier debout. Du même tableau. Idem.

289. RUBBENS. (P. P.) Autre cavalier. Du même tableau.
Idem.

290. Rubbens (P. P.) Étude pour le même tableau. Idem. *120 Brondgeest*

291. Rubbens. (P. P.) Le Christ en croix ; figure académique de beaucoup de mérite. *165 De Vries*

292. Rubbens. (P. P.) Figure académique, représentant Prométhée. Idem. *155 id*

293. Rubbens. (P. P.) Étude d'un chien et de deux enfants ; d'un beau faire, à la sanguine. *35 Brondgeest*

294. Rubbens. (P. P.) Esquisse d'une dame de distinction. Très belle étude, à la pierre d'Italie et à la sanguine. *330 Colnaghi*

295. Rubbens. (P. P.) Portrait du confesseur de Rubbens. Dessin à la sanguine, à la pierre d'Italie et lavé à l'encre de Chine. *retiré*

296. Rubbens. (P. P.) Hercule tuant l'Hydre. Belle esquisse à l'encre de Chine. *70 Woodburn*

297. Rubbens. (P. P.) Un Évêque en habit pontifical, attaqué par des hommes nus. Dessin à la pierre d'Italie. *72 id*

298. Rubbens. (P. P.) Étude d'une draperie. Pièce très intéressante et largement dessinée à la pierre d'Italie. *70 Brondgeest*

299. Rubbens. (P. P.) Belle étude de chérubins ; à la sanguine et à la pierre d'Italie. *retiré*

300. Rubbens. (P. P.) Étude de plusieurs vaches ; d'un beau faire, à la plume. *40 Roos*

301. Rubbens. (P. P.) La chûte des Anges. Esquisse superbe et d'un grand savoir-faire ; à la pierre d'Italie. *50 Roos*

302. Rubbens. (P. P.) Combat des Horaces et des Curiaces ; belle étude à la pierre d'Italie. *60 Woodburn*

303. Rubbens. (P. P.) Figure académique d'un homme. Dessin largement exécuté à la pierre d'Italie ; d'un beau faire. *35 Brondgeest*

11*

304. Rubbens. (P. P.) Le Dragon terrassé par un ange.
Idem.
305. Rubbens. (P. P.) Intérieur d'une écurie ; dessin très
intéressant, à la sanguine et à la pierre d'Italie.
306. Rubbens (Attribué à P. P.) Le Christ en croix, entre
les malfaiteurs ; dessin au bistre.
307. Rubbens. (Attribué à P. P.) Étude d'un Silène ; à la
sanguine et à la pierre d'Italie.
308. Rubbens. (Attribué à P. P.) Tête de vieillard ; id.
309. Rubbens. (Attribué à P. P.) Portrait d'une des femmes de Rubbens ; dessin au bistre.
310. Rubbens. (Attribué à P. P.) Satan terrassé par un
ange ; dessin à la pierre d'Italie.
311. Rubbens. (Attribué à P. P.) Un sacrificateur romain ;
dessin à la pierre d'Italie.
312. Rubbens. (Attribué à P. P.) Mars et Vénus ; idem.
313. Rubbens. (Attribué à P. P.) Le Christ descendant aux
enfers pour sauver les pécheurs. Très beau dessin,
à la pierre d'Italie.
314. Rubbens. (Attribué à P. P.) Le martyre de St. Lau-
rent ; dessin à la pierre d'Italie.
315. Rubbens. (Attribué à P. P.) La Madeleine aux pieds du
Seigneur ; dessin largement lavé à l'encre de Chine.
316. Rubbens. (École de) Portrait d'une personne illustre
à cheval, lavé à l'encre de Chine.
317. Rubbens. (École de) Un combat ; dessin à la pierre
d'Italie.
318. Rubbens. (École de) St. Pierre et St. Paul défendant
les murs de Rome. Beau dessin d'après Raphael, lavé
au bistre.

319. RUBBENS. (École de) L'assomption de la Vierge, d'après 42 *Woodburn*
Rubbens.

320. RUBBENS. (École de) Un Ange avec plusieurs figures. 3 *V. Cuick*

321. RUBBENS. (École de) La prise de Jérusalem; d'après 50 *Woodburn*
Jules Romain.

322. RUBBENS. (École de) L'adoration des bergers, d'après 40 *Enthoven*
un maître italien.

323. RUBBENS. (École de) Un combat; d'après un maître 11 *V. Cuick*
italien.

324. RUBBENS. (École de) Étude d'ouvriers, d'après un 11 *Brondgeest*
maître italien.

325. RUBBENS. (École de) Un combat; d'après Jules Romain. 11 *id*

326. RUBBENS. (École de) Sainte famille. 16 *V. Cuick*

327. DIJK. (A. VAN) Très beau portrait d'homme, dessiné 420 *Roos*
à la pierre d'Italie et lavé au bistre.

328. DIJK. (A. VAN) Les portraits de Constantin et de *retiré*
Chrétien Huijghens; ce dessin peut, à juste titre, être
considéré comme un des chefs-d'oeuvre du maître,
dans ce genre; comme le précédent.

329. DIJK. (A. VAN) Portrait d'homme; d'une exécution 300 *Brondgeest*
sublime, à la pierre d'Italie.

330. DIJK. (A. VAN) Portrait du Cardinal Bentivoglio; à 65 *H. Van Weerden*
la pierre d'Italie. *à La Haye*

331. DIJK. (A. VAN) Portrait d'un vieillard à longue barbe 50 *Woodburn*
blanche. Dessin d'un grand correct et d'un fini pré-
cieux, à la pierre d'Italie et à l'encre de Chine.

332. DIJK. (A. VAN) Portrait d'homme; même condition que 80 *id*
le précédent.

333. DIJK. (A. VAN) Portrait de l'artiste. Cette page su- 240 *id*

blime est lavée à l'encre de Chine et largement exécutée.

334. Dijk. (A. van) Portrait du peintre C. Saftleven ; superbe dessin à la pierre d'Italie et lavé au bistre.

335. Dijk. (A. van) Portrait en pied d'un jeune prince; largement dessiné à la pierre d'Italie.

336. Dijk. (A. van) Portrait d'un personnage en costume de chevalier ; largement exécuté à la pierre d'Italie.

337. Dijk. (A. van) Le Duc de Buckingham. Dessin d'un faire superbe, à la pierre d'Italie.

338. Dijk. (A. van) Portrait d'une jeune dame de distinction ; dessin à la pierre d'Italie.

339. Dijk. (A. van) Portrait d'un homme âgé, probablement celui de Spinola. Ce dessin, à la pierre d'Italie, réunit tout ce qu'on peut désirer en fait d'expression et de beauté.

340. Dijk. (A. van) L'assomption de la Vierge ; dessin à l'aquarelle.

341. Dijk. (A. van) Descente de croix; dessin d'un grand correct, lavé au bistre.

342. Dijk. (École d'A. van) Différents portraits de seigneurs et de dames. Dessin à la sanguine et à la pierre d'Italie.

DESSINS MODERNES.

SCHOTEL. (J. C.) Vingt-deux cartons superbes, ayant servi en grande partie pour la composition de ses tableaux les plus remarquables. Ils sont dessinés de main de maître et pleins de vigueur; à l'encre de Chine.

343. Mer agitée avec bâtiments.
344. Deux eaux calmes; entrées de port.
345. Eau calme.
346. Mer agitée; à droite un phare.
347. Vue de la rade de Flessingue.
348. Mer agitée avec des bâtiments de guerre.
349. Mer agitée; à gauche l'entrée d'un port.
350. Eau calme; à droite des bâtiments sur la plage.
351. Vue d'une plage et d'une mer agitée; aquarelle.
352. Entrée d'un port.
353. Un naufrage.
354. Même sujet; à droite une côte montagneuse sur laquelle des naufragés se sauvent.
355. Une mer agitée.
356. Même sujet; à droite une côte et un phare.
357. Même sujet.
358. Même sujet.
359. Même sujet; à gauche la côte.

45 *Engelberts* 360. Eau calme. Vue près du Helder.
107 *Ef. Le Roy* 361. Même sujet.
27 *Van Gogh* 362. Même sujet ; à gauche un édifice.
31 *id* 363. L'entrée d'un port.
17 *Koopmanschap à Amsterdam* 364. Eau calme.

---

relevés

365. INCONNU. La famille impériale de Russie, représentée dans le costume du Moyen-âge.

366. Dessin exécuté à l'aquarelle, et représentant l'intérieur de la galerie gothique de S. M. le Roi des Pays-Bas, à la Haye.

367. Mad. HAMBURGER. Copie à l'aquarelle d'après un tableau d'Adrien v. d. Velde.

368. INCONNU. Scène de la campagne d'Espagne.

369. KRUSEMAN. (C.) Deux copies d'après Leonard da Vinci.

120 *Ef. Le Roy* 370. Sous ce numéro, divers dessins seront vendus, par lots.

STATUES ET BUSTES EN MARBRE.

STATUES ET BUSTES EN MARBRE.

GEEFS. (Joseph)

1. L'ange du mal. Un homme à la fleur de l'âge et avec deux grandes ailes, est assis sur un bloc de rocher, un serpent à ses pieds ; de la main droite il tient un sceptre brisé. Ses traits et son attitude indiquent parfaitement ce que l'artiste a voulu exprimer. Cette superbe statue de grandeur naturelle, peut rivaliser avec les meilleures productions modernes de ce genre, et fait penser involontairement au style sublime des anciens.

ROYER. (Louis)

2. La charité. Ce groupe représente une femme à moitié couverte d'une draperie, ayant un enfant nu sur chaque bras. L'exécution de cette composition admirable et d'un beau style, la place parmi les meilleures productions de l'artiste.

GEEFS. (Joseph)

3. La fille du pêcheur. Nonchalamment couchée sur des plantes marines, elle tient dans la main droite quelques fleurs. Cette belle statue est digne de la main habile du maître.

GEEFS. (Guillaume)

4. Geneviève de Brabant. Assise par terre et dépouillée de vêtements, elle presse son enfant tendrement sur son sein. Une biche est couchée derrière elle. Sous tous les rapports, cette belle pièce fait honneur au talent et à la réputation de l'auteur.

ROYER. (Louis)

5. Buste de sainte Cécile. Jeune et belle femme, la tête couverte d'un turban; elle lève ses regards au ciel. Ce buste en albâtre mérite beaucoup d'éloges.

SIMONIS. (Eugène)

6. Cléopâtre mordue par la vipère. Les jambes croisées, elle s'appuie sur la main gauche. Cette superbe statue est de grandeur naturelle. On y reconnaît la main de maître du sculpteur consommé.

VEN. (J. A. van der)

7. Ève. Assise par terre, elle s'effraie du serpent, qui tient la pomme dans sa gueule. D'une main elle montre le ciel. Cette belle statue est de grandeur naturelle et une des meilleures productions de l'artiste.

GEERTS. (Charles)

8. La fille au papillon. Assise, les jambes croisées et couvertes en partie d'une draperie, elle dirige la main vers l'insecte placé sur une de ses épaules. Belle statue de grandeur naturelle, pleine de grâce et faisant honneur au maître.

CARTELLIER.

9. UNE NYMPHE. Elle est représentée debout, et la partie inférieure du corps couverte d'une draperie. Cette belle production provient du palais de Malmaison.

GEEFS. (GUILLAUME.)

10. Enfant nu assis, jouant avec un chien. Belle statue de grandeur naturelle.

INCONNU.

11. PETITE STATUE D'APPOLLON. Le coude gauche appuyé sur un tronc d'arbre; la main droite repose sur la tête.

GEERTS. (CHARLES)

SCULPTURE EN BOIS DE CHÊNE.

12. LE MASSACRE DES INNOCENTS. Composition allégorique; sur le premier plan, une femme, tenant le cadavre de son enfant sur ses genoux, est plongée dans la douleur; un ange tâche de la consoler. Au-dessus d'elle, un autre ange enlève son enfant de la terre, et un troisième ange est censé le présenter à l'Être suprême. Ce beau groupe, style gothique, admirablement composé et d'un dessin correct, est en tous points digne du maître.

INCONNU.

13. Buste du Christ.

VEN. (J. A. VAN DER)

14. Buste du Christ, grandeur naturelle.
15. Buste de là Vierge, même grandeur que le précédent.

INCONNU.

16. Buste d'Ulysse, d'après l'antique.
17. Idem d'Achille.
18. Idem de Jupiter.
19. Idem de Vénus.
20. Idem de Junon.
21. Idem de Diane.
22. Idem d'Apollon.

ROYEN. (VAN)

23. Un enfant endormi; pièce d'une exécution admirable.

ROYER. (LOUIS)

24. Buste de l'Amiral de Ruyter.

INCONNU.

25. Un Lion.

INCONNU.

26. Quatre bustes d'Empereurs romains; les têtes en granit et les draperies en marbre brun veiné.